Günter von Hummel

Psychoanalyse / Meditation

Broschüre zu Theorie und Praxis
eines neuen selbsttherapeutischen
Verfahrens

Das Bild auf der Umschlagseite zeigt ein auf das Bild des Gehirns geschriebenes *Formel-Wort*, das im Zentrum des in dieser Broschüre beschriebenen Verfahrens steht. Es enthält von verschiedenen Buchstaben dieser lateinischen Formulierung aus gelesen jeweils andere Bedeutungen, eine Struktur, die genau der des seelisch Unbewussten entspricht. Übt man meditativ-wiederholend ein derartiges *Formel-Wort*, muss das Unbewusste seine eigene Bedeutung freigeben. Damit ist in ein paar Zeilen schon fast alles Wissenswerte zu dieser Broschüre gesagt, was nicht davon abhalten soll, es dennoch zu lesen.

© 2025 Günter von Hummel
Verlag: BoD · Books on Demand GmbH,
In de Tarpen 42, 22848 Norderstedt, bod@bod.de
Druck: Libri Plureos GmbH, Friedensallee 273,
22763 Hamburg
ISBN: 978-3-7568-0971-4

Inhaltsverzeichnis

I. Einführung in die Thematik

Psychoanalyse und Meditation sind kein Widerspruch. Wie in einer üblichen Meditation muss auch der Psychoanalytiker in seiner Arbeit bei sich selbst nach innen gehen und sich dem anfänglich unbekannten Dunkel überlassen wie es der Meditierende bei seinem Rückzug ins Innere tut. Freud nannte dies eine „gleichschwebende Aufmerksamkeit", mit der und aus der heraus der Therapeut seinem Klienten zuhören sollte. Die Aufforderung zu einer derartigen Passivität bedeutete, dass der Therapeut in diesem Moment nicht (oder vorwiegend nicht) rational-logisch denken kann und soll. Er ist aber wach, auf die Aussagen des Patienten hin orientiert, befindet sich aber dennoch fast wie in leichter Trance. Denn es kommt darauf an, die Zwischentöne in der Rede seiner Patienten herauszuhören und nicht die absichtlich geäußerten Argumente, die nur das sagen, was dem Patienten ohnehin bewusst ist und nicht aus dem Unbewussten kommen.

Der Therapeut hört also dem völlig freien, spontanen Redefluss (‚freie Assoziation' genannt) seines Patienten in einer Art meditativer Verfassung zu, und muss dabei auf die kleinen Schwankungen, Stockungen, Versprecher, aber auch auf Besonderheiten aus erzählten Träumen und Phantasien achten. So kann er versteckte und verdrängte Bedeutungen herausfiltern, in Bezug zum therapeutischen Verfahren bringen und interpretieren. Freud selbst drückte sich hinsichtlich der „gleichschwebenden Aufmerksamkeit" auch so aus, dass der Analytiker dem Patienten „sein

Unbewusstes als empfangendes Organ zuwenden sollte".[1]
Das klingt ein bisschen seltsam. Denn wie diese Art jung-
fräulicher Empfängnis vor sich gehen sollte, konnte Freud
nicht ganz klar definieren. Doch die ‚freien Assoziationen', die spontanen Einfälle des Patienten, kamen ihm ent-
gegen, denn auch sie enthalten etwas Meditatives.

Der Patient muss sich dabei zwar nicht in Glossolalie
(Zungenreden) üben, aber doch alles ohne Hemmungen,
auch Peinliches und Unsinniges, das ihm einfällt, äußern.
Er soll sich nicht aufs Denken konzentrieren, damit so aus
dem Unbewussten genügend ‚Material' (Einfälle, Erinnerungen, Träume) zustande kommt, das gedeutet und inter-
pretiert werden kann. Ganz Ähnliches passiert auch in der
Meditation, wo man alle Gedanken beiseiteschiebt, und
man sich ebenfalls mehr „gleichschwebend aufmerksam"
treiben lassen muss, also so, wie es in der Psychoanalyse
der Therapeut handhabt. Der Meditierende wartet darauf
(mit Hilfe einer Übung), bis sich von selber, also direkt aus
dem Unbewussten, ein Bild oder eine Bedeutung, unab-
weisbar aufdrängt, die ebenso eine – wenn auch noch nicht
immer vollständige – Interpretation, Deutung aufweisen
kann.

Es liegt ganz am Aufbau der Übung, wie es dazu kommt,
dass in meditativen Verfahren derartige Interpretationen
aus dem Unbewussten ähnlich wie in der psychoanalytischen Therapie zustande kommen. Die Gemeinsamkeiten
zwischen Psychoanalyse und Meditation sind in Form

---

[1] Freud, S., G. SW. VIII, S. 381

dieser beiden Vorgänge (gleichschwebende Aufmerksamkeit und freie Assoziation) jedenfalls klar erkennbar. In meditativen Verfahren wird man ihnen meist andere Namen geben, aber die Parallelen der beiden Methoden sind deutlich. Vereinfacht könnte man also sagen, dass in der Psychoanalyse Therapeut und Klient gemeinsam meditieren und das Meditierte dann zusammen interpretieren, während in der Meditation der Übende selbst mit seinem Unbewussten in eine Art psychoanalytischen Kontakt treten und es z. B. direkt befragen muss.

Der Psychoanalytiker A. Ferro beschreibt beispielsweise, wie er mit seinem Patienten ‚gemeinsam träumt', d. h. beide phantasieren und erzählen sich alles Mögliche und versuchen dann therapeutische Schlüsse daraus zu ziehen.[2] Und so tut der Adept, der eine Meditation erlernt, mit dem puren Etwas vor seinem inneren Auge, mit dem Geheiß seines Lehrers, eventuell mit einer Formel, mit dem Vorgang seines Atems oder etwas Ähnlichem das Gleiche. Er ‚träumt' mit seinem Lehrer, auch wenn dieser physisch gar nicht da ist, und unterhält sich so direkter, unmittelbarer mit dem eigenen Unbewussten. Er stellt alle persönlichen Gefühle und unpassenden Gedanken zurück und lässt in der Trance nur hochkommen, was in ihm stark zur Bewusstheit drängt und er nicht aufhalten kann. Auch hier unterbrechen also dazwischen tretende Gedanken – man könnte sie Abfalls-Einsichten nennen – das kontemplative Vorgehen, so wie die übermäßig freien Einfälle in der

---

[2] Ferro, A., Pensieri di uno analista irriverente, Raf. Cortina Editore (2017)

Psychoanalyse auch einen Redeabfall und nicht nur therapeutisch Verwertbares erzeugen. Wohl die meisten Psychoanalytiker jammern darüber, wenn der Patient vom
Hundertsten zum Tausendsten kommt, ohne dabei wirklich etwas zu sagen. Er redet nur, aber sagt nichts.

Auch der in der Psychoanalyse so wichtige Begriff der
‚Übertragung' spielt in der Meditation eine vergleichbare
Rolle. Man ‚überträgt' in der analytischen Psychotherapie
Gefühle und Bedeutungen aus früheren oder aktuell anderen Beziehungen auf den Therapeuten. Diese ‚Übertragung' ist unbewusst, wenn auch meist positiv getönt, aber
sie ist auch inadäquat. Denn der Therapeut hat ja nicht
wirklich etwas mit den Bedeutungen der früheren Beziehungen des Patienten zu tun. Er kann nunmehr jedoch aus
den auf ihn ‚übertragenen' Aspekten und Bedeutungen
eine Interpretation der verschiedenen Beziehungsgescheh-
nisse geben und so die Inadäquatheit, die Unangemessen-
heit der Übertragung auflösen. Er ist somit der Angelpunkt, das Scharnier des therapeutischen Dialogs, kurz:
das eigentliche Objekt, das ‚Übertragungs-Objekt', während sonst subjektbezogene Vorgänge stattfinden.

In der Meditation findet diese ‚Übertragung' in die Leere,
in das Nichts vor einem im Inneren statt, wo sie in Bezug
zum Meditationslehrer meist in einer Weise steht, als sei
dieser gegenwärtig. Man könnte fast von ‚eidetischer',
bildhafter, archaischer Übertragung sprechen, die nicht
wie in der Psychoanalyse aufgelöst wird, sondern unter-
schwellig positiv weiter wirken kann und soll. Die Interpretation des Unbewussten wird dann durch eine bereits

vom Meditationslehrer festgelegte Lehre gesteuert, das heißt, alle Erfahrungen werden im Rahmen dieser Lehre gedeutet. So bleibt die Interpretation wissenschaftlich und logisch ungenau, während sie in der Psychoanalyse dem Wissenschaftlichen der Freud'schen Lehre folgt, die exakter formuliert ist. Dennoch kann man an ihrer herkömmlichen Form Kritik anbringen. Der Meditierende hat schneller Erfolg, der Psychoanalysierte ein präziseres Ergebnis, beide sind sie faszinierend, so gesehen aber für mich nicht mehr ausreichend befriedigend.

Mich erinnert diese Thematik an die deutschen Romantiker am Ende des achtzehnten Jahrhunderts. Die Historikerin A. Wulf hat kürzlich über sie ein Sachbuch veröffentlicht, in dem sie aufzeigt, wie die Gebrüder Schlegel, der Dichter Novalis, Alexander und Wilhelm von Humboldt, Goethe, der Philosoph J. G. Fichte, Schiller, einige Frauen und weitere dem sogenannten Jenaer Kreis Angehörende, sich gegenseitig begeisterten – alle Gegensätze überwindend.[3] Sie waren poetisierende Universalgelehrte (sie bezeichneten sich manchmal selbst so). Sie hätten keine Schwierigkeiten gehabt, Psychoanalyse und Meditation, und dazu auch noch Philosophie, Kunst und Natur in einem großen geistigen Entwurf zusammenzubringen. Es wäre wie ein Roman zu lesen gewesen (und war es zum Teil auch) und hätte doch Großartiges vermittelt. Doch leider geht so etwas heute nicht mehr. Das Ganze klingt wie ein längst vergangenes Märchen. Heute ist Intellekt, Logik, Wissenschaft gefragt, und innerhalb derartiger, eher

---

[3] Wulf, A., Fabelhafte Rebellen, Bertelsmann (2022)

scholastischer als akademischer Voraussetzungen, gibt es kaum noch eine gegenseitige Offenheit und Begeisterung mehr.

Im Gegenteil, heute stört die Nüchternheit, Abflachung, Seelenlosigkeit isolierter Gruppen. Psychoanalytiker arbeiten in abgeschirmten Instituten vor sich hin, gut etabliert und gebildet, aber schulmeisterlich. Der französische Psychoanalytiker Jacques Lacan nannte die heutigen psychoanalytischen Ausbildungsinstitute daher ‚Geheimgesellschaften' à la Freimaurer oder ähnlicher Gruppierungen. Meditierende wiederum gelten als wundersame, meist esoterische Außenseiter und Sonderlinge, öffentlich kaum diskutiert. Wissenschaftlich miteinander reden könnten sie nicht, dazu sind dann doch gewisse Begrenzungen und Unterschiede vorhanden, so in der methodischen Verarbeitung, im weiteren inneren Vorgehen und in der Bedeutung des Intellekts und anderer Aspekte.

Im Verfahren der *Analytischen Psychokatharsis*, wie ich die in dieser Broschüre zu schildernde Methode der Verbindung von Psychoanalyse und Meditation nenne, sind diese Unterschiede nicht mehr problematisch und ist die Praxis sogar leicht zu erlernen (es sind lediglich zwei konzentrative Übungen zu machen). Wissenschaftlich stütze ich mich auf die psychoanalytischen Seminare Jacques Lacans, die sich stark an der Linguistik orientieren und deswegen nicht unter den Begriff ‚herkömmliche' oder ‚klassische' Psychoanalyse (wie oben erwähnt) fallen. Sie ermöglichen den Zusammenhang von Psychoanalyse und Meditation zu präzisieren, wenn auch auf intellektuell sehr anspruchsvolle Weise. Und davon ist leider einiges notwendig, der Hintergrund der *Analytischen Psychokatharsis* muss in etwa verstanden sein, damit man bei den Übungen absolute Sicherheit besitzt.

Fast könnte man meinen, Lacan wäre wieder ein poetisierender Universalgelehrter weit über den Arztberuf hinaus gewesen, denn von Platon angefangen, über Augustinus und alle mittelalterlichen Schriften, über Shakespeare und Joyce, über Kant, Hegel, Freud, Sartre und zahlreiche andere Psychoanalytiker hat er Unmengen an Literatur gelesen. Er war sechs Jahre in Ausbildungsanalyse und hat fünfundzwanzig Jahre lang – frei sprechend – Seminare über die Psychoanalyse vor einer großen Zuhörerschaft an der Universität in Paris und anderswo abgehalten. Doch die Sache hatte einen Haken: seine Ausdrucksweise war tatsächlich so intellektualisierend akkurat, zudem angereichert mit Mathematik, Topologie, Freud'scher Theorie und Beispielen aus allen kulturellen Bereichen, dass viele seiner Hörer sagten, sie würden ihn nicht verstehen. Oft sagte er zu ihnen, sie sollten ihm Fragen stellen, aber es traute sich kaum jemals einer etwas zu sagen, weil das Unverständnis desjenigen damit offenbar würde.

Trotzdem ist sein Renommee groß, und ich muss von ihm und einigen anderen Zitate verwenden, um die Wissenschaftlichkeit meines Verfahrens zu stützen. Ich muss auf diese Weise Etliches zum psychoanalytischen Teil (zweite Übung der *Analytischen Psychokatharsis*) beitragen, und selbst was den meditativen Anteil (erste Übung) an dieser Methode angeht, sind die vorhin erwähnten sprachwissenschaftlichen Aspekte wichtig. Denn die auch hier ,herkömmlich' und ,klassisch' zu nennenden Formen der Meditation stützen sich auf mythisch, mystisch, magisch zu nennende Grundlagen, insbesondere wenn sie vom Sprechen und der Sprache handeln. Das ist in der *Analytischen Psychokatharsis* anders, indem hier hinsichtlich des meditativen Vorgangs klar unterschieden wird zwischen einerseits zu dürftigen oder gar unzureichenden und andererseits ,überdeterminierten' sprachlichen Ausdrücken. Der Begriff der Überdetermination (überausdrückliche, sich überlappende, zum Teil redundante Formulierungen) stammt aus der Feder Freuds, der damit den Traum charakterisierte (mehrere Gedanken überlappen sich zu einem manifesten Traumgeschehen).

Gerade wegen all dieser unterschiedlichen Grundlagen ist es notwendig, dass man den wissenschaftlichen Hintergrund der *Analytischen Psychokatharsis* verstanden und akzeptiert hat, so z. B. das Phänomen der Überdeterminierung, zu dem ich noch kommen werde. Ein Lehrer, dessen Persönlichkeit man glaubt total vertrauen zu können und der suggestive Anweisungen gibt oder schon vorgefasste Wahrheiten verwendet, genügt heutzutage nicht mehr. Ein derartiger Lehrer wird immer von einer Art Guru-Kult umgeben sein, und dies mag im asiatischen Kulturkreis noch möglich sein, im hochzivilisierten Westen aber wohl nicht mehr. Umgekehrt muss man aber auch dem Intellekt und zu sehr Rationalisierenden kritisch gegenüber stehen.

In dieser den Intellekt stark fördernden westlichen Wissenschaftskultur muss das ,Übertragungs-Objekt', will man es direkt wie in der Meditation nutzen, außer in der Leere des Inneren – und dies wurde immer schon durch Rückzug ins Abgeschiedene gestützt – auch im eigenen wenigstens minimalen verstandesmäßigen Verarbeiten des Unbewussten und dessen Andersheit, dessen *Anderem*, liegen. Denn das Unbewusste ist – so Lacan – die Sprache des *Anderen,* eines *Er* oder *Es,* das irritierend und helfend zugleich ist (mehr dazu später). Durchaus können Berichte von Mystikern, religiöse Kommentare, Schriften aus der Sparte des Yoga hilfreich sein, aber eben auch solche aus Psychoanalysen und therapeutisch wertvollen Biographien sollte man kennen. Deshalb fülle ich diese Broschüre mit einigen generellen Hinweisen aus der im Westen üblichen Wissenschaftskultur. Schon allein die in diesem Buch angegebenen Berichte sollten für ein prinzipielles Verständnis ausreichen und Vorrang haben.

Und so stütze ich mich also in meiner Arbeit stark auf Lacan, der umfassende geistes- und naturwissenschaftliche Kenntnisse besaß, die Psychoanalyse aus ihrer herkömmlichen, zersplitterten Form herausholte und somit bereicherte. So schwer seine Bücher auch zu lesen sind, enthalten sie jedoch auch Erklärungen, die in erstaunlicher Weise sehr gut auch die Grundlagen und den Vorgang des Meditierens betreffen. So geht es in einem seiner wesentlichen Gedanken um die Neotenie, das zu frühe geboren Sein des Menschen, seine Hilflosigkeit, die ihn von einer Bezugsperson (z. B. der frühen Mutter) enorm abhängig macht. Auch wenn im Weiteren die Mutter diesbezüglich eine weitreichende und liebevolle Unterstützung darstellt, bleiben doch Defizite bestehen, ja manchmal ist sogar eine

Überprotektion, eine Überbetüttelung eher nachteilig. Das frühe Mutter-Bild (die Mutter-Imago) ist ein wesentlicher Faktor und entscheidender Begriff in der Psychoanalyse.

Damit bin ich bereits mitten in der angekündigten fachlichen Materie. Grundlage dafür ist die über die Natur- und Geisteswissenschaften hinausgehende Konjektural-Wissenschaft oder anders gesagt: die Wissenschaft v o m Subjekt.[4] Darin kann man sich also nicht mehr auf Materielles und Physikalisches, noch auf Geistiges und Philosophisches berufen, sondern muss sich – wie Freud und Lacan und andere es getan haben – auf Kräfte des Begehrens, auf Triebkräfte oder Strebungen stützen, die aus zweierlei bestehen: dem Erscheinungs-Wirkenden, dem Wahrnehmungs- oder Schau-Begehren einerseits, und dem Wort-Wirkenden, dem Entäußerungs- oder Sprech-Begehren andererseits. Daraus besteht der rote Faden, der sich durch diese Broschüre zieht.

Laut Lacan liegt schon in der frühen Mutter-Kind Beziehung eine Mangelsituation vor, die er jedoch nicht entscheidend für psychisches Leid hält, sondern im Gegenteil: der Mangel, das Nichts fordert zur Bewältigung heraus, an die man grundlegend adaptiert ist. Ein Mangel des Mangels wäre geradezu ungewöhnlich, ja unheimlich, und stellt so die Hauptursache der typisch menschlichen Angst dar. Wenn alles gut geregelt ist, sozusagen fast nichts mehr zu tun ist, wird es nicht nur langweilig, sondern erfüllt den

---

[4] Konjektur heißt Vermutung, und dessen wissenschaftliche Form, die Konjektural-Wissenschaft, wird z. B. vielfach in der Mathematik genutzt.

Menschen von Anfang an mit Angst vor dem zu Glatten, zu dem bereits Fertigen, zu Sterilen, Mechanistischen und Toten, dem nichts mangelt. Das geht sogar soweit, dass man beispielsweise nicht trauert um jemanden, der einem fehlt, sondern dass man ihm nun nicht mehr mangeln kann, dass man nicht mehr seine Stütze ist, sein Ein und Alles. Um sich vor dem glatten Skelett des Todes zu schützen, gab man ihm eine Sense in die Hand, wie sie der lebendige Bauer zum Gras mähen nutzt, weil der Tod sonst in seiner Kälte perfekt wäre und ihm nichts mangeln würde.

Der Trieb, das unbewusste Begehren, ist nichts Biologisches. Es wird in jedem Kind entwickelt und gestützt mittels der ebenso unbewussten Phantasie, genannt Phantasma, in das eingewickelt und seine Wirkung entfaltend, man machtlos ist. Es ist der zentrale Ort, an dem sich die psychoanalytische wie auch die meditative Arbeit vollzieht, die eine Rettung aus dieser Kombination von Erscheinungs-Wirkendem Phantasma, dem Imaginären, und wort-wirkendem Begehren, dem Symbolischen ermöglicht. So kann man nämlich vereinfachend die beiden Grundintentionen, Grundbestrebungen nennen, die eben meistens schlecht, unreif, unpassend verbunden, kombiniert und legiert sind.

Doch ohne diesen Mangel würde der Mensch gar nicht begehren und keine Sexualität haben, denn dabei geht es weniger um einen ‚Penis-Neid‘ bei der Frau, wie Freud sagte. Vielmehr dichtet der Mann ihr etwas Erotisches an, um umgekehrt das ‚Phallische‘, das Freud zum Primat des Sexuellen erklärte, zum Träger seines eigenen Begehrens machen zu können. Er braucht den Mangel am Anderen, weil ihn dies mit Leben erfüllt, während die Frau den Mangel an Leben benötigt, um – begehrlich – ein Kind, eine Familie, einen Liebhaber und noch Zahlreiches anderes zu prätendieren. Freud sprach vom unbewussten Erscheinungs-Wirkenden als dem ‚anderen Schauplatz‘, dem Mangel an Sein, während Lacan ergänzend das Wort-Wirkende als den Mangel im unbewusst *Anderen* verstand, der/das in einem spricht. Erscheinungs-Wirkendes und Wort-Wirkendes, imaginär-strukturelle Ordnung und symbolische Ordnung, – zwei ‚Dinge‘ an sich – wie Kant sagen würde. Zwei Grundkräfte, -Triebe, -Prinzipien, sich gegenseitig mangelnd.

Kant sprach von Raum und Zeit als diesem ‚an-sich‘, wobei der Raum gut zum Erscheinungs-Wirkenden passt, der räumlichen „Gestaltung, Umgestaltung, des ewigen Sinnes ewige Unterhaltung“ wie Goethe im Faust schreibt, und wo sich die unbewusste Bilderflut im Traum oder in der Halluzination vervielfacht, weil nichts mangelt. Dagegen passt die Zeit zum Wort-Wirkenden. Man muss sich nur an die Kindheit erinnern, wie schnell die Zeit verging, wenn einem eine Geschichte vorgelesen wurde, oder heute ein gutes Gespräch gelingt. Dagegen vergeht die Zeit überhaupt nicht mehr, wenn niemand spricht, und der Mangel groß ist.

Ich sage es nochmals anders: Bereits im frühesten menschlichen Zeitalter, als noch wilde, animistische Vorstellungen vorherrschten, man also annahm, alles sei gleichermaßen belebt, hat es diese ‚Dinge‘ außen gegeben, die mit

‚Dingen' innen verbunden und wechselwirkend durch Beziehungsmuster gestaltet waren. Das ‚Ding', von dem Lacan in seinem dritten Seminar ausführlich sprach, ist nicht die Sache, das Objekt, der Gegenstand, sondern eben dieses Innen-Außen Wechselwirkende, das also früher von einem universalen Lebensprinzip beherrscht war. Ich muss so ein bisschen über die Lacansche Wissenschaft sprechen, denn die *Analytische Psychokatharsis* muss einen klaren, gesicherten Rahmen haben.

Ich denke, dass ich mit diesem Bezug zum ‚Ding', so kurios es klingt, am besten die Basis erklären kann, um die es im Zusammenhang von Psychoanalyse und Meditation geht. Das Wesen des ‚Dings' korreliert nämlich eng mit dem, was man Sublimation oder Sublimierung (Verfeinerung, Vergeistigung) nennt, also mit dem, was in beiden Bereichen auch einen psychischen Ausdruck hat. Für die Kunst beispielsweise ist es die Hysterie, für die Religion die Zwangsneurose und für die Wissenschaft die Paranoia. Diese drei Formen der Sublimierung haben Beziehung zu dem Lacanschen ‚Ding' „in der Art, dass das ‚Ding' dabei eben stets durch eine Leere repräsentiert sein wird, weil es . . . . repräsentiert werden kann allein durch anderes . . . . Für alle Kunst ist eine bestimmte Weise der Organisation charakteristisch, die um jene Leere herum kreist." [5] Und das hat eben etwas Hysterisches an sich.

„Die Religion dagegen besteht in allen Weisen, dieser Leere aus dem Wege zu gehen . . . und was . . . den Diskurs

---

[5] Lacan, J., Seminar VII, Quadriga (1996) S. 160

der Wissenschaft angeht, . . . so kommt in ihr das Wort voll zur Geltung, das Freud bei der Paranoia und ihrem Verhältnis zur Realität verwendete – der Unglauben. . . . Bezüglich des Unglaubens gibt es aus unserer Sicht, eine Position des Diskurses, die sehr genau zu begreifen ist im Verhältnis zum ‚Ding' – das ‚Ding' wird in ihr verworfen im eigentlichen Sinne der Verwerfung. Ebenso wie es in der Kunst eine hysterische Verdrängung des ‚Dings' und in der Religion vielleicht eine zwangsneurotische Verschiebung gibt, geht es im Diskurs der Wissenschaft, eigentlich gesprochen, um die paranoische Verwerfung des ‚Dings'." Und weiter:

„Der Diskurs der Wissenschaft verwirft die Präsenz des ‚Dings', insofern sich, aus seiner Sicht, das Ideal des absoluten Wissens abzeichnet, das heißt das Ideal von etwas, *das zwar das ‚Ding' setzt, doch mit ihm nicht rechnet* [von mir kursiv herausgehoben]. Jedermann weiß, dass diese Sicht sich in der Geschichte letztlich als ein Scheitern herausgestellt hat. Der Diskurs der Wissenschaft ist von dieser Verwerfung bestimmt, deshalb wahrscheinlich – was vom Symbolischen verworfen wird, erscheint nach meiner Formel im Realen – läuft er auf eine Sicht hinaus, in der, am Ende der Physik, ein so Rätselhaftes wie das Ding' sich abzeichnet."[6] Was meint Lacan damit? Er verrät es nicht, aber ich denke, dass er genau das meint, was nicht so sehr zwischen Mensch und Natur, sondern zwischen wort-wirkendem Geist und erscheinungs-wirkender Materie etwas Substanzielles annimmt, einen Körper ohne Gestalt, etwas

---

[6] Lacan, J., Seminar VII, Quadriga (1996) S. 162

psychisch Körperhaftes, das aber nichts mit dem anatomischen Körper zu tun hat.

In der Psychoanalyse wird nun um das ‚Ding' herumgeredet, und zwar so lange, bis der Patient erkannt hat, was – sehr vereinfacht jetzt von mir ausgedrückt – sein ‚Ding' ist, sein erfahrbar Unbewusstes, auch wenn man es nicht zeigen und klar von ihm reden kann. So mystisch das klingt, es vermittelt aber am einfachsten, wie sich die Psychoanalyse und auch die von mir benutzte und weiterentwickelte Meditation eben von Kunst, Religion und herkömmlicher Wissenschaft (Natur- und Geisteswissenschaft) unterscheidet und damit klar wird, warum es ein neues, darüber hinaus greifendes Verfahren wie die *Analytische Psychokatharsis* geben sollte.

Kurz noch einmal zu den Naturwissenschaften. Laut der bekannten amerikanischen Physikerin L. Randall leben wir in einem Multiversum, wobei die anderen Teile dieses Multiversums von unserem Teil nur 10^{-31} cm getrennt sind.[7] Sie nutzt diese enge Verbundenheit von Makro- zu Mikrogrößen um den Zusammenhang zwischen Quantenmechanik (Physik des ganz Kleinen) und Relativitätstheorie (Physik des ganz Großen) im Rahmen der sogenannten Quantengravitation zu beschreiben. Doch gelöst ist der Zusammenhang der ‚Dinge' damit nicht, und Randall liefert damit nur Wasser für die Mühlen all der Esoteriker, die nunmehr glauben, alle Kräfte, die dem Menschen in

---

[7] Randall, L., Die Vermessung des Universums, Fischer (2012)

ihm selbst so unerträglich nahe sind, erlauben, dass man von Psychokinese, Hellsicht und intuitiver Weisheit sprechen und damit alles erklären kann. Schließlich scheint ja eine Parallelwelt, die – weil irrsinnig nah – fast mit uns identisch zu sein und erklärt so jedes paranormale Phänomen. Quanten verschränken sich innen und außen, und die Seele ist eben nichts anderes als ein quantengravitatorischer Gemeinschaftszustand im Inneren des Menschen mit dem Universum außen. Dies ist wissenschaftlich nicht tragbar und bleibt somit ungenau.

Ähnlich ergeht es einem in den Geisteswissenschaften mit dem Begriff eines universalen Geistes, mit der Vorstellung einer allesdurchdringenden algorithmischen Information oder mit Gott, in dessen Namen sich die Religionsgemeinschaften ja nur bekriegen, weil ein gemeinsamer Glaube, Schrift und Theologie für alle nicht möglich ist und so in der Unbestimmtheit verbleibt.[8] Vielleicht ist es von vornherein besser, nicht vom Geist, von Algorithmik, Gott und nicht von Materie- und Energieteilchen auszugehen, sondern von Bedeutungseinheiten, also von dem Wort- und Erscheinungs-Wirkendem, die Lacan der Linguistik folgend auch Signifikanten nannte. Der einzelne

---

[8] Harari, Y. N., Homo Deus, Eine Geschichte von Morgen, C. H. Beck-Verlag (2018), worin der Autor beschreibt, dass in Zukunft alle Menschen nur noch durch Algorithmen gesteuert und damit Gott gleich würden. Das kann durchaus sein, aber typischerweise (für heutige Sachbücher) fehlt der Hinweis darauf, dass es immer wieder Einzelne geben muss, die das durchschauen und mit dem praxisnahen Einsatz ihres Lebens um die Wahrheit kämpfen werden.

Signifikant ist zwar keiner ganz bestimmten Bedeutung fähig (er ist also nicht unbedingt ein Wort), aber in ihrer Kombination bekommen die Bedeutungen einen verstärkt realen und damit signifikanten Bezug. So enthüllt sich der Mensch eingerahmt zwischen zwei oder mehr Signifikanten als wissenschaftlich zu fassendes Subjekt.[9] Er ist dann ein zwischen den Signifikanten, zwischen ‚Wort- und Bild-Wirklichem' eingespanntes Wesen, das seine Bedeutung von der Art dieses eingespannt Seins erhält, und nur so lässt sich dies für Psychoanalyse und Meditation gleichermaßen bekräftigen.

In der *Analytischen Psychokatharsis* geht es im Rahmen der zwei Grundkräfte, des Erscheinungs- und Wort-Wirkenden, hauptsächlich um das Wesen der Signifikanten: „Nehmen Sie zur Verdeutlichung dieses Axioms [der Signifikanten] an, Sie entdecken in der Wüste einen Stein, der mit Hieroglyphen bedeckt ist. Sie sind keinen Augenblick drüber im Zweifel, dass ein Subjekt dahintersteckt, das der Urheber der Hieroglyphen war. Es wäre aber ein Irrtum zu glauben, dass jeder Signifikant sich an Sie richte – der Beweis dafür ist, dass Sie nichts verstehen. Vielmehr definieren Sie die Hieroglyphen als Signifikanten, weil Sie sicher sind, dass jeder einzelne Signifikant sich auf jeden anderen bezieht. Und genau das ist es, worum es beim Verhältnis des Subjekts zu

---

[9] ‚Ein Signifikant repräsentiert ein Subjekt für einen anderen Signifikanten' war einer der für die meisten Leser der Werke Lacans schwer verständlicher Satz. Ich bringe eine einfachere Erklärung in der nächsten Fußnote.

Feld des *Anderen* [der mehrfachen Signifikanten] geht".[10] Es gibt da eine von Grund auf bestehende, eine substanzielle Crux mit der Sprache, mit jeglicher Kommunikation, auch mit der in der Sexualität und auch mit dem Tod. Man befindet sich ständig im Wald der Hieroglyphen, aber die kann man ja auch entziffern, und zwar nicht nur so umständlich wie in der herkömmlichen Psychoanalyse als Zeichen für Zeichen, Buchstabe für Buchstabe, sondern als direkte Praxis mit der *Analytischen Psychokatharsis*.

Oder erneut ein anderer Erklärungsversuch: „Das Tier verwischt seine Spuren und legt falsche Spuren, die man für die richtigen halten soll. Macht es deshalb Signifikanten? Es gibt etwas, das das Tier nicht macht: Es legt keine falschen Spuren, um uns glauben zu machen, sie seien falsch. Es legt keine falschen falschen Spuren – was ein, ich würde nicht sagen, grundlegend menschliches, sondern gerade grundlegend signifikantes Verhalten ist. Genau da ist die Grenze. Verstehen Sie mich richtig: Spuren, die gelegt werden, damit man glauben soll, sie seien falsch, aber nichtsdestoweniger die Spuren dessen sind, dass ich da wirklich vorbei gekommen bin. Und exakt das will ich

---

[10] Lacan, J., Seminar XI, die vier Grundbegriffe der Psychoanalyse, Walter-Verlag (1978) S. 208 Vereinfacht gesagt bestehen die Signifikanten, will man sie auf die Buchstabenebene bringen, aus zahlreichen Buchstaben-Kombinationen, die sich gegenseitig stets etwas Anderes sind, so dass klar wird, dass etwa nur in einem ganzen Satz oder ganzen Traktaten etwas zu Verstehendes zusammengebracht wird.

sagen, dass genau *da* ein *Subjekt* sich vergegenwärtigt. Wenn eine Spur dazu angelegt ist, dass man sie für eine falsche Spur halte, dann wissen wir, dass es als solches ein (sprechendes) Subjekt gibt. Dann wissen wir, dass es ein Subjekt gibt als Ursache, und der Begriff der Ursache selbst hat keine andere Stütze als diese."[11]

Eine ernsthafte und wahre Liebe zu sich selbst.

Noch mehr und am Beispiel der Liebe vereinfacht: Der/die wahrhaft Liebende legt stets die doppelten falschen Spuren, denn nur dann ist es wirklich Liebe, wenn der/die Geliebte nicht bemerkt hat, dass der Liebende schon vorbei gekommen ist. Die Liebe kann keine Spur sein, die falsch ist, damit man sie als richtige erkennt, auch wenn dies im Leben der meisten Menschen so passiert, weil so die übliche erotische Verführung vor sich geht. In der Liebe muss man die falsche Spur als falsch erkennen, aber trotzdem wissen, dass richtige, vollständige Liebe im Spiel ist. Denn die Liebe kann auch – wie es eine französische Comtesse einmal ausdrückte – das größte Verbrechen sein, oder – wie Lacan selbst einmal konstatierte, gar eine Form des Selbstmords. All dies kommt daher, dass das menschliche Subjekt in die erscheinungs- und wort-wirkenden Zusammenhänge in einer chaotischen, unreifen, schlechten Form eingebunden ist, man also besser von Un-Zusammenhängen sprechen würde, von einer doppelten Verwirrung, die

---

[11] Lacan, J., Seminar X, L'Angoisse, Ed- Seuil (2021) S. 69 deutsche Übersetzung.

aber exakt auf die Liebe zutreffen würde, gäbe es sie als ‚wirklich', als vollständig, als – ja als was?

In der Psychoanalyse jedenfalls weiß weder der Therapeut noch Patient vom anderen genügend, um ein klares Bild zu haben und eine klare Aussage machen zu können, was es mit dem Liebesleben auf sich hat. Wie gesagt, existiert erst einmal nur die Übertragung, deren positive Seite man auch als ‚Übertragungsliebe' bezeichnet hat. In der therapeutischen Sitzung fällt jede übliche Verständigungsmöglichkeit weg, es existiert kein Thema, kein Fixpunkt, kein Inhalt von dem aus geredet werden könnte, sondern nur ein freier, von allem unabhängiger Austausch. Freilich gibt es den Hintergrund, dass man sich um eine gemeinsame Sprache bemüht und Grund zu Vertrauen in die angebotene Wissenschaft besteht, die einen zu tieferen Einsichten fähig macht. So auch im meditativen Vorgang, wo man auf sein Innerstes vertrauen muss. Der Bedeutungsknoten des ‚Wort- und Erscheinungs-Wirkenden' befindet sich dort zwischen dem Übenden und dem noch unklaren Etwas, der Leere, dem Dunkel, dem scheinbaren Nichts vor einem selbst.

Aber in dem Verfahren, um das es hier in diesem Buch gehen wird, und das ich aus der Kombination von Meditation und Psychoanalyse heraus entwickelt habe und also *Analytische Psychokatharsis* nenne, kann all dies auf der Basis wissenschaftlicher Begründungen selbst praxisbezogen erfahren werden. Der Meditierende ist dann nicht mehr durch die behauptete Persönlichkeit eines Gurus gestützt, sondern gestützt durch die Gewissheit und

Sicherheit, die ihn im wissenschaftlichen Aufbau zu den gleichen Fähigkeiten bringen, wie Urvertrauen oder Übertragungsliebe, egal welchen Weg man bisher gehen konnte: Psychoanalyse oder Meditation als Formen der Selbst-erfahrung, die sich bisher gegenseitig ausschlossen, in der *Analytischen Psychokatharsis* aber konstruktiv verbunden sind. In ihr gibt es in einer ersten Übung etwas Meditatives, in einer zweiten aber auch eine direkte analytische Deutung aus dem Unbewussten, und dieser Zusammenhang, diese Vereinbarung, hat etwas mit einer Liebe zu sich selbst zu tun.

Den Bedeutungsknoten des Bild- und Wort-Wirkenden nur theoretisch zu erklären genügt nämlich nicht, er muss durch eine Praxis erfahrbar gemacht werden, die wiederum durch etwas möglichst F o r m a l e s, Konkretes, Körperhaftes, ‚Dinghaftes‘, erfassbar sein muss. Für die *Analytische Psychokatharsis* heißt dies, die Formel, die Formalisierung, die Lacan vom Bild (Imaginärem), Wort (Symbolischen) und Wirkenden (Realen) als Stränge, Schleifen eines Knotens gibt, in die Praxis umzusetzen. Lacan begründet, wie im Schema des sogenannten Borromäischen Knotens (verkürzt Bo-Knotens) nebenan gezeigt, diese Drei als konsistent, als haltend in völliger Gleichwertigkeit.[12] Einen vordergründigen Halt bietet nur

---

[12] Ich zähle eben Lacan hier nicht zu den herkömmlichen Psychoanalytikern, sondern – wie er es selbst manchmal sagte – zu den Konjektural- bzw. Vermutungswissenschaftlern, wie sie schon Nikolaus von Cues konkretisierte. Wie in der Mathematik, wo man von einer Vermutung ausgeht (z. B. Fermat'sche

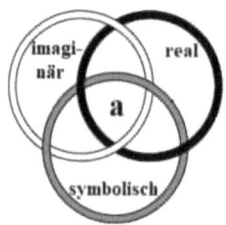 das meist unbewusste psychische Objekt, das Objekt des Begehrens, der Lust (geschrieben klein ‚a'), also die seelische Fixierung (als Objekt durch ein Symbol gefestigt) innerhalb eben meist unbewusster Phantasmen (primäres Imaginäres), wie weiter oben als Grundkomplex erwähnt.

Das psychische Objekt ‚a' und auch die seelische Verknotung im Bo-Knoten ist den meisten Menschen unbewusst, sie haben oft nur körperliche Symptome, Depressionen oder Süchte, im Hintergrund aber wirkt die erwähnte unbewusste Phantasie (Phantasma), die aus der frühesten Kindheit stammt. Sie ist auch für das Genießen zuständig, um das es letztlich im Begehren, im Eros, im Liebesleben geht. Doch man kann auch das Begehren im Phantasma selbst genießen, unbewusst genießen, was typisch für den Neurotiker ist, während das eigentliche Genießen das des Realen wäre, des Wirkenden per se, das sich in sich kurzschließt: das Genießen des Realen ist das Reale des Genießens, behauptet Lacan daher.

Zum leichteren Verständnis all dieser Vorgänge und der Drei-in-Eins Positionen im Bo-Knoten kann man wieder die Liebenden zum Beispiel nehmen. So gibt es laut Lacan

---

Vermutung) und sie durch weitere mathematisch gestützte Vermutungen vorantreibt, bis eine letzte Gewissheit feststeht, geht Lacan von Freud aus, treibt seine Forschung aber vor allem durch die Sprachwissenschaft und Bezüge zur Philosophie, Mathematik und Topologie weiter voran.

drei Formen der Liebe als eines vereinheitlichenden, verbindenden Wesens, die – gleichwertig – den seelischen Bo-Knoten so einigermaßen konsistent zusammenhalten: Die sogenannt göttliche, transzendente Liebe: ausgehend vom Platz des Symbolischen, das Imaginäre und das Reale verbindend.

Die wahre, gefühlsbetonte Liebe: ausgehend vom Platz des Imaginären, das Symbolische und das Reale verbindend.

Die masochistische, passive Liebe: ausgehend vom Platz des Realen, das Imaginäre und das Symbolische verbindend.[13]

Hintergründig ist die erste Form auch für die Psychoanalyse maßgebend, wenn Freud sagte, dass sie Heilung durch Liebe ist (positive Übertragungsliebe und bedingungsloses Zuhören des Therapeuten: schließlich besteht der Liebesanspruch des Menschen hauptsächlich darin, ernsthaft gehört zu werden!).[14] Die zweite Form ist die des Romantischen und allgemein Üblichen. Die letztere der hier aufgeführten Formen der Liebe ist für viele Meditationsverfahren zuständig, wenn man sich passiv der Lehre des Lehrers und des eigenen Unbewussten hingeben muss. Hier könnte man auch von der Liebe als ‚Erkenntniskategorie' sprechen, wie es der Paläoanthropologe T. Appleton einmal

---

[13] Lacan, J., Seminar XXI, Vortrag 18. 12. 1973, folgend auch den diesbezüglichen Übersetzungen in Lacan-entziffern.de
[14] Das wollte ja auch Gott, weshalb hier von der göttlichen Liebe gesprochen wurde, die – wenn ich das so blasphemisch sagen darf – die Psychoanalytiker irdisch gemacht haben.

sagte, als er erklären wollte, dass man die Neandertaler nicht nur durch ihre Knochenreste ergründen kann, sondern eher durch innigste, selbstgebildete Anteilnahme.[15]

Doch schließlich sind alle drei nicht das endgültige Ziel in der *Analytischen Psychokatharsis*, in deren erster Übung man sich zwar an diese hingebende Form der Liebe anlehnt, in einer zweiten Übung man sich jedoch auf das eigentlich Unbewusste konzentriert. Im selbstständigen Auftauchen einer direkt aus dem Unbewussten kommenden Interpretation, Deutung als letztem Schritt, wird das Ziel des Verfahrens erreicht, Selbsterfahrung, Anerkennung und das Wissen um den Komplex Reales/Genießen.[16]

Ich fasse zusammen: anfänglich habe ich die Ähnlichkeiten von Psychoanalyse und Meditation herausgestellt. Es war wichtig, diese Betrachtung auf möglichst einfache und gemeinsame f o r m a l e Aspekte zurückzuführen, nämlich auf das Erscheinungs-Wirkende und das Wort-Wirkende. Die beiden hängen durch das Real-Wirkende als drittem Element zusammen, wie es im Bo-Knoten von Lacan dargestellt ist. Sie sind meistens aber nur ungenau, unreif, schlecht kombiniert. Anhand des Bo-Knotens ließ sich

---

[15] Appleton, T., Warum verschwanden die Neandertaler? Heyne (1999) S. 30

[16] Ich zitiere dazu gerne das Buch der Psychoanalytikerin M. Mitscherlich mit dem Titel: ‚Eine Liebe zu sich selbst, die glücklich macht', worin es nicht um Narzissmus geht, sondern um eine urwüchsige Erkenntnis durch Meditation und Analyse in einer selbst erarbeiteten Form.

eine wenigstens einigermaßen konsistente Form der Kombination zeigen, wobei neben dem Zusammenhalt (Konsistenz) auch die Äquivalenz, die Gleichwertigkeit der drei Aspekte bedeutsam ist. Von jeder Position aus kann nämlich an Hand des Wesens der Liebe als eines umfassenden Begriffs ein anderes Vorgehen beschrieben werden, und so ein Drei-in-Eins Komplex, eine Triade formalisiert werden.

Gewiss ist dies alles wieder nur Theorie und so will ich eine kurze Vorschau auf die Praxis geben, auf die es letztlich entscheidend mit ankommen wird, indem im Psychoanalyse und Meditation verbindenden Verfahren der *Analytischen Psychokatharsis* bild-wort-wirkend und nur vom Einzelnen selbst praxisbezogen das Ziel erreicht wird. Man muss es tun, und dazu muss ein ganz einfaches Werkzeug genügen, denn die Hauptarbeit muss eben dieser Einzelne tun. Die B(r)uchstaben-Mathematik,[17] auch *Formel-Worte* genannt, die das entscheidende Werkzeug und das Zentrum des Verfahrens ist, erkläre ich ausführlich in den folgenden Kapiteln, und sie ist ein sehr einfaches Instrument, das die Anwendungszeit verkürzt, während Psychoanalyse und Meditation viele Jahre dauern.

---

[17] Oudee Dünkelsbühler, U., Zeugnis und Schrift: B(r)uchstaben an der Couch, Les Etats Généraux de la Psychanalyse (2001). Der Begriff B(r)uchstaben erscheint mir eine ideale Formulierung für diese zerstückelte Darstellungsweise der *Formulierungen* zu sein, indem sie Lettern und Text, mit Linien und Textur verbindet, das ich im Weiteren als zentralen Bestandteil des von mir entwickelten Verfahrens darstellen will.

II. Die Triade des Unbewussten

Bevor ich zur weiteren Beschreibung der Methode komme, will ich nochmals zu dem F o r m a l e n dieser erscheinungs-wort-wirkenden Triade Stellung beziehen, auch wenn dies langweilig und abstrakt erscheinen mag. Freilich kann man auch ohne diesen weitern und sicher nicht ganz einfach formulierten Text mit der Ausübung des Verfahrens der *Analytischen Psychokatharsis* ab Seite 60 beginnen. Die Praxis ist dort genau beschrieben, Webseite und Kontaktmöglichkeit sind aufgeführt. Natürlich empfehle ich, dass es vorteilhaft ist, wenn man genaue Kenntnis der wissenschaftlichen Grundlagen hat. Wie könnte man sonst im Moment einer Unsicherheit genug Vertrauen und eine klare Vorstellung von dieser Triade haben, die sich auch bereits an dem vermitteln lässt, was man einen Freud'schen Versprecher nennt.

Auf Wikipedia ist ein Beispiel eines derartigen Versprechers angeführt und auch gleich seine Interpretation angegeben: „Ein Mann erzählt von irgendwelchen Vorgängen, die er beanstandet, und setzt fort: *Dann aber sind Tatsachen zum ,Vorschwein' gekommen. [...]* Auf Anfrage bestätigt er, dass er diese Vorgänge als ,Schweinereien' bezeichnen wollte.) ,Vorschein und Schweinerei' haben zusammen das sonderbare ,Vor-

| Vor sch | ein, |
| Vor sch w ein |
| Sch w ein erei |

schwein' entstehen lassen".[18] Offensichtlich wollte dieser Mann verhindern, dass seine Meinung so direkt und drastisch vorgebracht würde, aber die unbewusste Strebung, Intention, dass er die Vorgänge für Schweinerei hielt, brach triebbezogen durch.

Nun sind hier drei Klangstränge angeführt, nämlich so, wie im nebenstehenden Schema gezeigt. Durch das Untereinanderschreiben der gemeinsamen Klangstruktur wird bereits etwas von der Triade, der Drei-in-Eins sichtbar, in die sich das ‚w' eingeschmuggelt hat. Das betrifft allerdings nur das Phonetische. Das Semantische, also das, was letztlich hinter diesem Versprecher steckt, liegt in der diesem Mann unbewussten, triebbezogenen Strebung, die wohl jemandem oder etwas Bestimmtem, vielleicht sogar einem bestimmten Zuhörer seiner Erzählung gegolten hat – doch darüber wird nicht berichtet.

Lacan hat dieses Triadische mittels des Gleichklangs von drei Begriffen dargestellt (im Französischen kommen Gleichlautungen häufig vor, obwohl sie ganz anders geschrieben werden). Französisch gleichlautend (und in deutscher Buchstabenphonetik als ‚le no dü per', im Französischen aber eben verschieden geschrieben und auch verschiedene Bedeutungen tragend heißt dies: le nom du père, le non du père, les non dupes errent. Übersetzt: der ‚Name des Vaters', das ‚Nein des Vaters' und ‚die nicht Blöden irren'. Was soll das? Es soll zeigen, wie die Drei der Stränge – diesmal phonetisch und semantisch – in die

---

[18] Wikipedia: Freud'scher Versprecher

Eins eines einzigen Stranges (Gleichklang) gebracht werden kann, was ein wesentliches Merkmal der vor allem
sprachlichen Vorgänge im Unbewussten ist. Zudem: Das
Nein des Vaters betrifft den Ödipuskomplex, in dem der
Vater verantwortlich dafür ist, dem Knaben die zu intime
Nähe zur Mutter zu verbieten. „Rühr die Mutter nicht an"
so wie Ödipus es getan hat, auch wenn er es unwissend tat,
und der Neurotiker (nicht nur das Kind, auch der psychisch
Kranke) es heute unbewusst tut.

Der Name des Vaters (Gleichklang Nr. 2) hat in der Psychoanalyse schon seit Freud große Bedeutung. Es geht um
das Dreieck Vater, Mutter, Kind, in dem die Beziehung
Mutter-Kind etwas jedermann Geläufiges ist, aber wie soll
man schon in der frühen Kindheit die Beziehung des Vaters zur Familie definieren? Oberhaupt der Familie passt
nicht oder nicht mehr. Freud selbst sprach noch vom ‚Vater der Vorzeit‘, der sozusagen im seelisch Unbewussten
des Kindes herumgeistert. Lacan wollte dies jedoch speziell über das Wort-Wirkende erklären, und darin sollte der
Name des Vaters für etwas elementar Logisches stehen.
Ich sage, es geht um den prinzipiellen Vater, um das Vater-
Prinzip, um das, was ein Vater prinzipiell sein sollte (aber
meistens nicht ist).[19]

---

[19] In Johannes 1, 1 wird das ‚Wort‘ als der Anfang von allem
bezeichnet, doch dann wird darum herum gedruckt, dass das
‚Wort bei Gott‘ und letztlich sogar selbst ‚Gott ist‘, was schließlich an eine Vater-Metapher erinnert. Eine Mutter musste das
erste Wort nicht sprechen, sie hat eine emotionale, körper- und
sinnenhafte Beziehung zum Kind, aber der Vater musste ein

Wie auch immer, hier und jetzt handelt es sich um einen Teil des Gleichklangs, und darin spielen die ‚Nicht-Blöden, die irren' eine weitere, gleichwertige Rolle. Vereinfacht gesagt sind es die Besser- oder gar die Alles-Wisser, die letzten Endes irren, denn in der Psychoanalyse steht das dem Unbewussten unterstellte Subjekt im Vordergrund, und das weiß, wie schon Sokrates sagte, dass es nichts weiß. Das heißt, wie Sokrates noch ergänzte, dass es nur von den μαθηματα ερoτικα (den erotischen Mathemen), also dem unbewussten, libidinösen Begehren weiß. Und die, die nur davon wissen und nicht mit dem Wissen über alles Mögliche glänzen, hält man für blöde, obwohl sie doch die einzigen sind, die die Umtriebigkeit des Eros kennen, während die Alleswisser darüber hinweggehen. Das sind Erklärungen, die weiter nicht wichtig sind, aber der dreimal gleiche Klang, die drei Stränge, die in einem vereint sein können, sind für das psychoanalytische Verständnis bedeutend.

Nun ist Lacans Spruch zwar originell und verbildlicht die psychoanalytische Lehre, aber in der Praxis kann man damit nicht viel anfangen. Dass man als männliches Kind einen Ödipus Komplex durchgemacht hat, in dem man gespürt hat, dass eine zu ausgeprägte oder fälschlich strukturierte Intimität zur Mutter durch die Nähe, die der Vater zur Mutter hat, durch dessen ‚Ausstrahlung' (Männlichkeit, Väterlichkeit), sozusagen durch das ‚Übertragungs-Objekt' Vater, zurückgewiesen wird, mag wichtig sein.

Wort sprechen, um sich zu authentifizieren. Daran hat selbst der genetische Vaternachweis von heute nichts geändert.

Freud erklärte es als die Zurückweisung einer inzestuösen Strebung. Doch die Position des Vaters als dem hauptsächlichen ‚Übertragungs-Objekt' in der Triade Vater-Mutter-Kind erklärt auch ohne Inzest-Hintergrund, wie Nähe, Intimität, Sexuelles, zu einer Stabilisierung durch positiven Ausgang aus der Ödipus-Situation gelingt.

Das kann vor allem auch hinsichtlich der heutzutage so intensiv geführten Diskussion über die Transgender Problematik Bedeutung haben. Dazu muss man die Situation nicht nur für das männliche Kind, sondern auch für das Mädchen darstellen. Bei ihm steht nicht so sehr eine Rivalität zur Mutter im Vordergrund, es identifiziert sich im Ödipuskomplex vielmehr mit dem Vater („ich werde mal den Papa heiraten"), also eben genau mit ihm als ‚Übertragungs-Objekt', als prinzipiellen Vater, als dem, was es heißt wirklich Vater als solcher zu sein, was wohl nur selten einem üblichen Vater gelingt. Es spürt aber meist selber und natürlich ebenfalls durch das Verhalten der gut aufeinander bezogenen Eltern, dass es irgendwie einmal diese Identifizierung auflösen muss. Nicht ganz, aber doch so weit, dass ein adäquater Partner in seinem Sinne, im Sinne einer respektvollen Liebe gefunden werden muss. Das ‚in seinem Sinne' ist also vielleicht etwas heikel, aber es erklärt, dass es neben biologischem und gesellschaftlich gefördertem Geschlecht noch etwas Drittes geben muss.

Von den von mir gerade erwähnten Aspekten der Vater-Mutter-Kind Triade her gesehen, lässt sich die Problematik anders auflösen, als durch einen ständigen Bio-Sozio-Konflikt. Der Vater als solcher ist wie gesagt nicht so sehr nur der Mann, dessen Spermien das Kind gezeugt haben, sondern etwas, das ich in seiner Funktion des Partners der Frau, die die Mutter des Kindes ist als ,prinzipiell' und ,übertragungs-objektisch' charakterisiert habe. Er muss aber eben das sein, was dem Jungen die Mutter verbietet und dem Mädchen die respektvolle Liebe garantiert. Diese von Lacan auch ,ultrasubjektive Ausstrahlung' genannte Vaterfunktion wird – cum grano salis – auch von der Mutter dem Kind übermittelt, das von daher, also von einer positiven Elternbeziehung seine eigene Geschlechtsidentität ausrichtet.

Es ist also die entscheidende Art der Vater-Mutter-Kind Triade, die das Transgendern hervorruft, und nicht soziale Umstände, aber auch nicht etwas Angeborenes. Man muss davon ausgehen, dass es neben der Geschlechtsproblematik also auch noch eine Generationsproblematik gibt. Geschlechtsidentität, sexuelle Identität stellt eine horizontale Achse dar, die im sozialen, psychologischen und sicher auch noch in biologischen Bereichen eine Rolle spielt. Aber die generationelle Identität, die Senkrechte von den Ur-Großeltern, Großeltern, Eltern, Kindern, Enkeln, spielt in der ,ultrasubjektiven Ausstrahlung' des Vaters, der Vatermetapher, dem familiären ,Übertragungs-Objekt' ebenfalls eine große Rolle. Auf den Kreuzungspunkt der beiden Achsen, kommt es – genauer betrachtet – wohl entscheidend an. Von daher kann die Psychoanalyse Wichtiges beitragen, indem sie beim Transgendern von ,paranoider

Selbstbetrachtung' spricht, die die nicht gut genug gelungene Familien Triade verursacht haben kann.[20]

All dies kann in der *Analytischen*
Psychokatharsis geklärt werden, da der
therapeutische Schritt direkt aus der Drei-
in-Eins Triade oder oft sogar einer Mehr-
in-Eins der reinen Buch-, B(r)uch-Staben
oder Signifikanten besteht, und zwar aus

einer Homographie, einer Gleichschreibung, die beim Ein-
dringen ins Unbewusste in diesem Verfahren intensiv verwendet wird, wie es in der oben stehenden Abbildung gezeigt wird. Darin ist gezeigt, wie diese Buchstaben im
Kreis gelesen, immer wieder eine andere Bedeutung haben, je nachdem von welcher Stelle aus man sie liest (verwendet ist die lateinische Sprache, man könnte aber auch
jede andere Sprache benutzen, die einzelnen Bedeutungen
sind weiter unten abgebildet). Dadurch kann mehr als
durch Lacans Spruch erreicht werden, der eine ganz nette,
aber im therapeutischen und praktischen Sinn wirkungs-
lose Aussage ist.

Ein Mix von B(r)uchstaben, also einer Schreibung willkürlich gemixter Zeichen würde ebenfalls wenig sinnvoll
sein, es würde sich nur ein Herumstottern einstellen. Doch
für den meditativen Teil der *Analytischen Psychokatharsis*
gibt es einen idealen Kompromiss, der wie gesagt aus einer
Homographie besteht, die aber in einem Buchstabenmix
eingebettet ist. Die unten stehende Abbildung zeigt dies in

---

[20] Freud, S., GW, Band X, S. 162-168

anschaulicher Form. Oben das normale Sprechen, das durch die Engführungen (oberster Kreis) der Signifikanten, der B(r)uchstaben hindurch geht. Damit aber die Verständigung trotz der Brüche im Redefluss möglich ist, muss man – wie bei juristischen Texten zu sehen ist – irre lange und umständliche Traktate verfassen, was eben zeigt, dass die Signifikanten nur in ihrer sich gegenseitig verändernden, fluiden Position zur Wirkung kommen, die Sprache also stets etwas paradox oder nie richtig spruchreif, nie auf den Punkt gebracht, nie ultrapräzise ist. In einer der gängigen Meditationen (mittlerer Kreis) versucht man sich besser zu verstehen, indem man sich an eine feste Anleitung hält. Damit ergänzt man das so missverständliche normale Sprechen mit direkten Einfällen und Visionen aus dem Unbewussten, die aber insgesamt nur den fixen Anleitungen verhaftet bleiben. Die Engführung der Bedeutungen hängt ganz vom Glauben an den Meditationslehrer ab. In der *Analytischen Psychokatharsis* (unterer Kreis) findet jedoch nun etwas ganz anderes statt.

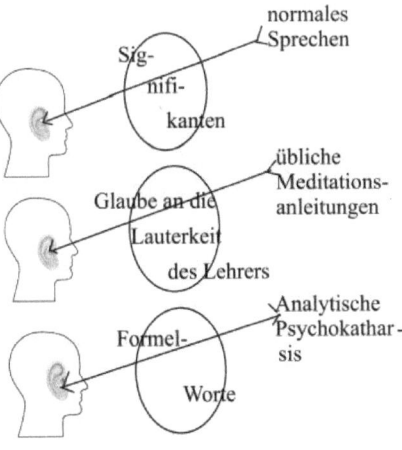

Das sprachliche Denken muss durch die Engführungen der *Formel-Worte* hindurch, wobei es auf die völlig gleiche Struktur trifft, wie sie auch im Unbewussten herrscht, was ja am besten an den Träumen und Versprechern zu sehen ist. Doch das Unbewusste schickt nun in der ersten Übung, die einer kathartischen, befreienden Steigerung dient (Genaueres dazu später), eine innerlich hörbare Reaktion, ja eine Antwort zurück, die ich – analog zu den Formel-Worten – *Pass-Worte* nenne (auch dazu später mehr). Es findet also ein Hin und Her statt und nicht nur eine einseitige Stellungnahme. So etwas gab es allerdings schon im buddhistischen Zen, wo der Lehrer einem ein ‚Koan' gab, eine völlig unverständliche Redewendung.

Doch für das ‚Koan' galt freilich, dass der Meditierende es enträtseln musste, was im Grund genommen an die Grenze des Möglichen ging. Man musste im asiatischen Lebenskreis zu Hause sein, um damit überhaupt etwas anfangen zu können. Gewiss ist es von Vorteil für jede Art von Meditation, wenn ein Kurzsatz, eine Phrase – oder was auch immer in Meditationen oder passivem Yoga verwendet wird – 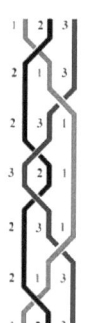 nicht schon einen fertigen, vorgegebenen Sinn hat. Der Sinn soll doch erst aus dem Unbewussten heraus erstellt werden und nicht schon bewusst vorgekaut sein. Nun kann der B(r)uchstaben Mix im Formel-Wort nicht nur willkürlich zusammengewürfelt sein, er muss einen wissenschaftlichen und z. B. auch psychoanalytisch aufgebauten Hintergrund haben. Ich habe mich für diesen Aufbau am Bo-Knoten orientiert, den Lacan auch zu einem Zopf (Abb. oben, nebenan) umgeformt und herumgewickelt hat.

Damit wollte er beispielsweise das verdeutlichen, was mit den drei Formen der Liebe gezeigt worden ist oder was eine Überlappung unterschiedlicher psychischer Zustände oder Körperbilder im Unbewussten repräsentiert: verschiedene Kombinationen der Reihenfolge vom Bild-, Wort- und Wirk-Wirkenden (des Imaginär-Symbolisch-Realen). Ich dachte mir, es muss Worte, Kurzsätze, Phrasen geben, die zwar eine klare Bedeutung haben, stets in anderer Reihenfolge, Wicklungen, Kombinationen ihrer Buchstaben aber keinen gemeinsamen, vereinheitlichenden Sinn mehr aufweisen, also genau das, was für eine Meditation so wichtig ist: die falschen falschen Spuren, die das einzig Richtige in sich enthalten.

Solche Phrasen kann man in jeder Sprache finden, am geeignetsten erschien mir nach langem Suchen die lateinische Sprache, die ja früher die lingua franca der Wissenschaft bzw. dessen war, was man verallgemeinert ‚Spiritualität‘ nennt.[21] Schreibt man solch eine Phrase in lateinischer Sprache im Kreis (Abb. oben, Seite 36), können die Buchstaben von mehreren Stellen, Schnittstellen, aus gelesen eine andere Bedeutung, einen anderen Zusammenhang ergeben. Das heißt, als solche ist sie nur ein Buchstabenmix, doch sie ermöglicht homographisch, also aus den gleichen Buchstaben in dem festgelegten Schriftzug eine jeweils andere Bedeutung, wenn sie von anderer Stelle aus

---

[21] Ich schreibe ‚Spiritualität‘ in Anführungszeichen, weil es im Grunde genommen kein wissenschaftlicher Begriff ist.

gelesen wird. Die Abbildung zeigte die derartige im Kreis geschriebene Phrase ARE VID EOR.[22]

Ich liste hier unten nur fünf von ihnen auf, es sind in der einheitlichen Formulierung dieses *Formel-Wortes* jedoch zwölf enthalten, die ich alle im Anhang aufgeführt habe, um hier nicht zu verwirren. Hier sind also nur die Phrasen,

A RE VIDEOR	Ich werde von etwas gesehen
DE ORARE VI	Vom Sprechen mit Überzeugungskraft
VIDEO RARE	Ich nehme ungewöhnlich wahr
REVIDE ORA	Schau wieder hin, sprich!
IDEO RARE V	Deswegen selten Fünf

die vom A, vom D, V, R und I aus gelesen in diesem einheitlichen Schriftzug stecken. Wie schon erwähnt sind sie im Gegensatz zu Lacans Spruch vom Vater und den nicht Blöden in ihren einzelnen Bedeutungen nicht wichtig und oft auch unsinnig. Sie sollen ja nur die Überlappung, die Verschachtelung zeigen, die jetzt jedoch – eben als einheitliche Formulierung – sich in das gleich strukturierte Unbewusste einschreiben, es anregen, ja provozieren, wie es auch im Versprecher die triebbezogene Strebung getan hat.

Der Begriff der B(r)uchstaben scheint mir eine ideale Ausdrucksweise für diese zerstückelte Schreibweise der *Formel-Worte* zu sein, indem sie „Buch" (Lettern, Text, Wort-

---

[22] Was man freilich auch ORAREVIDE oder DEOR A VIDE, etc., eben von verschiedenen Buchstaben aus lesen, kann.

Wirkendes) mit „Staben" (Linien, Textur, Bild-Struktur-Wirkendes), genau durch das ihnen eigene Element verbindet. Auch die Buchstaben im psychoanalytisch-therapeutischen Gespräch sind gebrochen, was die elementarsten Schnitt- und Bruchstellen im psychoanalytischen Prozess des sich Versprechens oder anderer sogenannter Freud'scher Fehlleistungen darstellt, also das Denkbare in einer seiner f o r m a l s t e n Formen.

Und noch weiter: sie bewirken damit auch das Gleiche wie die geflochtenen Stränge oder die körperbildlichen Überlappungen, wie sie die Psychoanalytikerin F. Dolto verwendet hat. Sie beschreibt die psychischen Zustände als das basale, dynamische und erotische Körperbild (also das, wie man das Bild des eigenen Körpers projektiv spürt, fühlt, sieht), die genauso als flächige Stränge im Menschen verwickelt sind, wie im Lacanschen Zopf gezeigt.[23] Doch mit dem Begriff des Körperbildes, als des inneren Bildes, das man von seinem Körper ebenfalls in der Meditation hat, wenn beispielsweise Beine und Arme wie taub, gefühllos werden, lassen sich die gleichen Bruchstücke feststellen. Durch die Überlappung der basalen, erotischen und dynamischen Körperbilder entsteht nicht nur etwas entspannt Schweres, sondern auch etwas belebend Kathartisches, Befreiendes, je nachdem wie man damit umgeht (für die *Analytische Psychokatharsis* verwende ich sie nur am Rande).

---

[23] Dolto, F., Das unbewusste Bild des Körpers, Quadriga (1999)

III. *Analytische Psychokatharsis*

Ich habe oben die poetischen Universalgelehrten aus Jena vom Ende des achtzehnten Jahrhunderts zitiert, die heute wie in sich selbst isolierte Phantasten klingen. Sie haben sich gegenseitig in enorme gedankliche Höhen einer Einheit von Ich und Natur befördert, die es so nicht gibt. Auch der Philosoph G. W. F. Hegel gehörte zu ihnen, ließ sich aber nicht mehr zu solchen Höhenflügen inspirieren. Er schrieb bereits nüchterner und wissenschaftsbezogener „wie das Selbstbewusstsein in seinem Wissen zu Substanz unmittelbarer und absolut vermittelter Einheit wird" in einem neunhundert Seiten dicken Schmöker.[24] Doch auch das geht heute nicht mehr. In Zeiten von Deep Mind und KI, von Linguisten und Psychoanalytikern wie Lacan, sind selbst Hegel und Marx zu antiken und abstrakten Gestalten geworden. Es ist höchste Zeit weiter zu kommen.

Denn auch heute noch existieren derartige Philosophen, die die seelische und materielle Einheit beschwören und behaupten, dass die Materie lebt, wie beispielsweise E. Cocchia, B. Latour oder J. Bennet.[25] Freilich kann man sich so etwas ausdenken, aber es ist einfach zu schön, um wahr zu sein. Nun hoffe ich, mit dem Wesen der *Analytischen Psychokatharsis* einen Anfang für die heutige Zeit zu machen, indem solch ein Instrument wie die *Formel-*

---

[24] Hegel, G. W. F., Phänomenologie des Geistes, Ullstein (1973) S. 335
[25] Coccia, E., Sinnenleben, Ed. Akzente Hanser (2020); Bennet, J., Lebhafte Materie, Matthes & Seitz (2020)

Worte etwas bewirken, was Deep Mind in der Linguistik und Lacan mit seinem Bo-Knoten und mit seinem homophonen Dreiklang und den B(r)ruchstaben ausreichend dargestellt haben, nämlich die Vereinigung dreier Aspekte, die Geschlossenheit dieser drei Zustände. In der *Analytischen Psychokatharsis* lässt sich dies in die Praxis umsetzen, so dass man nichts mehr weiter theoretisieren muss. Damit kommt die Katharsis, wie sie auch in der Hypnose erfahren wird, ins Spiel, nur dass sie sich jetzt eher wie eine Selbsthypnose anfühlt, in der jedoch genauso die verdrängte Wahrheit sichtbar und bewusst wird.

Freud hatte früher die Menschen mit Hypnose behandelt, wo sie in dieses tief entspannende, oszillierende Erscheinungs-Wirkende, in die Katharsis der Spiegelung des eigenen Körperbildes eintauchten. Doch dieser kathartische Glücks-Zustand war total abhängig von der Stimme des Therapeuten, man hörte nur dessen Gedanken, so dass die Menschen ihre Symptome nur in einen Abhängigkeitsrausch verwandelten. Die in der Hypnose erinnerten Bilder galten dann – wieder aufgewacht – nicht mehr viel. Man hielt sie für einen fremden Film und nicht für die eigenen Erinnerungen, Einbildungen und wichtigen Reminiszenzen. Ganz im Sinne des von der Psychoanalyse her bekannten ‚Widerstandes‘ gegen die wirkliche Aufdeckung innerer Wahrheiten schienen sie nur halbe Halluzinationen zu sein, zu denen man sich nicht bekennen musste.

Deswegen wandte sich Freud davon ab und ließ die Patienten wie erwähnt ‚frei assoziieren‘. Doch die Methode ist kompliziert, nicht immer wird so assoziiert, dass sich daraus unbewusste Wahrheiten entnehmen lassen. In Ergänzung zu dem oben gezeigten Schema stelle ich hier in der Abbildung die Situation für die Psychoanalyse dar. Auch hier findet ein hin und her statt, aber die Engführung, Lacans ‚défilé scientifique', durch den der Austausch vor sich geht, ist durch sehr viel psychisches Instrumentarium gestaltet. Es braucht viel Zeit und Aufwand (auch finanziell), um die Therapie zu bewerkstelligen.

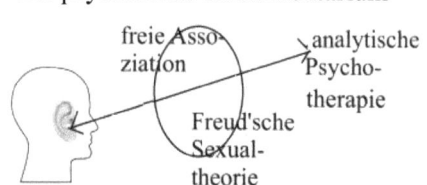

Nun lässt sich das alles mittels des Wesens der Meditation einfacher darstellen und mit der wissenschaftlich begründeten *Analytischen Psychokatharsis* auch erfolgreicher praktizieren. Denn in einer Meditation trifft man viel unmittelbarer auf den groß zu schreibenden, unbewussten *Anderen*. Lacan sagt, das Unbewusste ist die Sprache des *Anderen* in uns, die Sprache all der bedeutenden, wesentlichen Anderen, die wir von früh an verinnerlicht haben, und zwar sowohl in bild-struktur-wirkender wie auch wort-wirkender Form. Es sind die Eltern, Lehrer, vorbildhafte Menschen, wichtige Bezugspersonen, kurz: sie haben so etwas wie ein Gewissen gebildet, doch der *Andere* ist mehr als das.

„Er ist der Platz im Unbewussten, wo das Subjekt sich die Frage nach seiner Existenz stellt, der Zeuge der Wahrheit ist und wo sich auch das Begehren formt, der triebhafte

Wunsch samt allen Widersprüchen."[26] All diese Aspekte,
negativen Geister, Intentionen, Wunschgestalten, unbewussten Kräfte, sowohl in positiver wie auch negativer
Art, wie sie in der Psychoanalyse besprochen werden,,
kommen auch in der Meditation hoch, so dass sie wahrgenommen werden können, wenn auch durch die stete, rein
gedankliche Formulierung der *Formel-Worte* beiseite ge-
schoben. Sie werden in beiden Methoden berücksichtigt,
bewältigt und schließlich ‚gelungen verdrängt'.[27]

Den *Anderen* muss man sich also als den Teil vorstellen,
der eben auch in einem wort-wirkend sprechen kann, der
sozusagen eine Stimme hat, während sein Erscheinungs-
Wirkender Blick nur im Aufblitzen des Luziden, Hellen,
lichtartig Kathartischen besteht. Auch dieses Luzide,
Lacans ‚ultrasubjektives Ausstrahlen', hat einen wahr-
heitsfördernden Charakter, der bekannte, bewusste Teil
des Seelischen dagegen, ist nur für die alltäglichen Gefühle, Empfindungen, für Liebe und Hass, etc., zuständig.
Das Ziel also, das in der Psychoanalyse in der Auflösung
der Verdrängungen besteht und in der üblichen Meditation
in dem religiös oder spirituell oder sonst wie vorgegeben
erreichten Ideal behandelt wird, wird in der *Analytischen
Psychokatharsis* durch das repräsentiert, was sich in der
Praxis zuerst als kathartische Erfahrung und dann als lautliche Erfassung der identitätsstiftenden *Pass-Worte* ein-
stellt.

---

[26] Siboni, J., Les Mathèmes de Lacan, Lysimaque (1996) S. 91-96
[27] Nach dem Bewusstwerden des Verdrängten kann dieses auch
‚gelungen ' vergessen werden, wie man fachlich sagt.

Die befreiende kathartische Erfahrung kommt in einer ersten Übung im Gewahrwerden des Luziden, der ‚ultrasubjektiven Ausstrahlens‘ zustande, und dieses den Entspannungszustand steigernde und erhebende Geschehen ist dem Abhängigkeitsrausch in der Hypnose ähnlich – nur dass es diesmal eine Abhängigkeit von den *Formel-Worten* gibt, die jedoch total f o r m a l und n e u t r al sind – und keine reale Anhängigkeit darstellen. Im Übergang dieses sich Einstellens der Katharsis hin zu einer zweiten Übung des nach innen Hörens, sind Erscheinungs- und Wortwirkendes nämlich zu der zusammenfassenden triadischen Einheit geworden, wie sie sonst nirgendwo erreicht werden kann. In der Psychoanalyse bleibt es bei der aus Assoziation und Deutung gefertigten Einsicht, die nie ganz vollendet ist, weshalb Freud von der ‚unendlichen Analyse‘ gesprochen hat. Man wird nie ganz fertig, indem es immer noch etwas gibt, das man seinem Psychoanalytiker sagen könnte, sagen möchte oder hätte sagen sollen. Und in der üblichen Meditation bleibt es beim erreichten Ideal, also genau bei dem, was Freud das Ichideal nannte, das kein Endzweck ist und keine wissenschaftlich begründete Garantie darstellt.

Die erreichte triadische Einheit in der *Analytischen Psychokatharsis* führt nunmehr in der erwähnten zweiten Übung durch ein konzentratives nach innen Hören, zu den erwähnten *Pass-Worten*, die vom unbewussten Wort-Wirkenden her kommen, während die Katharsis der ersten Übung mit dem Erscheinungs-Wirkenden zu tun hat, das gewiss mehr ist als eine reine Ich-Spiegelung, die Freud auch als Idealich bezeichnete, und die nur eine flüchtige

Identität von Ich zu Ich, von Du zu Du darstellt, wie sie in vielen üblichen Meditationen vorkommt und die in ihrer Beglückung stets gefährdet ist, ins Gegenteil eine gehässigen Aggressivität umzukippen.[28] Eine persönliche, aber auch im Rahmen der Wissenschaft, der allgemeinen und der Wissenschaft vom Subjekt gültige Einheit, Einheitserfahrung, die über das Ichideal der Community hinausgeht, kann nur dadurch entstehen, dass die die Verdrängung aufdeckende Erfahrung durch eine enorm Erscheinungs-Wirkende Katharsis zur wort-wirkenden Enthüllung führt.[29]

In der *Analytischen Psychokatharsis* verhält es sich also so, wie ich es in einem letzten Schema darstelle, eine Abbildung, die man mathematisch einen Graphen nennt, in dem wieder als Punkt 1 das Erscheinungs- und als Punkt 2 das Wort-Wirkende eingezeichnet sind. Ausgehend von der Intention, der libidinösen Strebung, des grundlegenden

---

[28] Freuds Begriffe des Ichideals und Idealichs sind nicht ganz glücklich gewählt und viele Psychoanalytiker kennen den Unterschied nicht genau. Doch er ist ganz klar: das Idealich ist nur eine Spiegelbeziehung zum anderen (kleingeschrieben, weil er nur der andere meinesgleichen ist. Das Ichideal ist ein durch mehr als nur eine Spiegelung gefestigtes Ich. Eben, es ist in z. B. in einer Community gut untergebrachtes Ich.

[29] Auch die psychoanalytischen Communities sind nichts anderes als Ichideal-Bildungen, die auf hohem Niveau arbeiten, sich aber in tausende Gruppen zersplittert haben. Die *Analytische Psychokatharsis* stellt jedoch ein eigenes, neues Verfahren dar, das auf einer besonderen Verbindung von Meditation und Psychoanalyse beruht, die den gerade genannten bild- und wortwirkenden Parametern entspricht.

Begehrens also, rechts unten, die ich jetzt einmal als das ‚Ein' des rein Bild-Blick-Wirkenden verstehe, und das über den Punkt 2 hinausgehend, über eine hohe Rundung bis zu einem Resultat (Ichideal) links unten geht, wo das nur spiegelnde Idealich schon am Höhepunkt der Rundung – ohne viel vom Wort-Wirkenden beeinflusst zu sein – erreicht

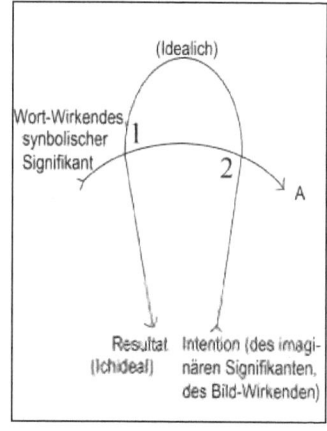

wird. Wichtig ist aber, dass der imaginäre Signifikant (das Bild-Struktur-Wirkende) im Punkt 2 des anderen ‚Ein' eine Änderung erfährt, denn er wird dort von der anderen Strebung geschnitten, die dem ‚Ein' des Wort-Wirkenden, des von Punkt 1 her kommenden symbolischen Signifikanten zugehört. Obwohl die Zeichnung, der Graph, sehr einfach ist, muss ich mich so kompliziert ausdrücken, denn an den Schnittstellen bzw. Ecken, die mit 1 und 2 markiert sind, passiert das, was Lacans Theorie des Psychischen entscheidend zu Grunde liegt.

Wie schon bei den verwischten Spuren der Liebe angedeutet, gibt es eine Oszillation, ein Hin- und Her Gehen des Richtigen und Falschen. Es handelt sich nämlich um Lacans Mathematik, in der nicht einfach 1,2,3,4, usw. gezählt wird, sondern in der eine Eins einer anderen Eins gegenübersteht.[30] Die Ecke des Einen und die des anderen Einen, des einen und des anderen ‚Wirkenden', oder – auf was es hier speziell ankommt – der Überschneidung der beiden ist wichtig und wesentlich. Es entsteht letztendlich das, was trotz anschaulicher Zeichnung des Graphen noch eine gewisse Unbestimmtheit enthält (die falsche falsche Spur), aber auch klar macht, wie die Struktur des Unbewussten aussieht (und auch die des Psychoanalytikers mit seinem Patienten, die sich nunmehr mit einer bestimmten Gesprächsmethode aneinander herantasten müssen, um den Null-Eins Abstand der beiden Einsen zu klären). Das Resultat links unten wird also anfänglich noch von einem zweiten entscheidenden Resultat in A, dem *Anderen*, konterkariert, so dass letztendlich ein dynamisches Gemisch der beiden Grundintentionen entsteht.

Doch dies hat Sinn. Das erste Resultat, das im Durchlauf der Schleife bei Ecke 1 eine Überkreuzung, Vereinigung der rechts unten gestarteten Intention des Erscheinungs-Wirkenden, des Imaginären mit dem von oben links kommenden Wort-Wirkenden, Symbolischen, hat die Struktur und das Wesen des Ichideals erreicht, das wie gesagt keine billige Spiegelbeziehung ist, wie die ohne Querschleife in

---

[30] Ich kann hier nicht ausführliche Kommentare dazu abgeben, aber für die ersten ganzen Zahlen gibt es bis heute keine empirisch gefestigte Theorie. Der psychoanalytische Ausgangspunkt besteht dagegen in zwei Subjekten (Patient Eins, Therapeut Eins), die beide nichts von einander wissen, also Null für die jeweilige andere Eins sind und so durch mühseliges, langes, abwägendes Zuhören und Reden dazu kommen müssen, wirklich zu zählen.

sich zurückkehrende Intention (sie spiegelt sich nach einem Durchlauf durch ihre Umgebung sozusagen in ihrem eigenen Resultat am Höhepunkt der Kurve und bleibt so ein Idealich). Nein, das Ichideal ist mehr, es hat als volles Gewicht des Wort-Wirkenden das Erscheinungs-Wirkende zweimal durchkreuzt und so das bewirkt, was der Philosoph J. Habermas das ‚sprachpragmatisch vergesellschaftete Subjekt' nennt.[31] D. h., man ist sich nicht nur seiner selbst bewusst (auf Spiegelung bezogenes Subjekt, Idealich), sondern versteht sich auch sprachlich im gesellschaftlichen Konsens bewusst einbezogen (als Ichideal). Aber es braucht noch mehr.

Wie zu sehen ist, führt der Kreuzungsschnitt auch zu A, zum unbewusst *Anderen*, also zu dem, was im Seelischen eines jeden Menschen nicht nur Bild und Struktur hat, sondern auch *Spricht*. „Çà parle dans inconscient" sagt Lacan, aber es spiegelt auch die Wahrheit durch die luzide Blendung, Helligkeit wieder. Es *Spricht* im Unbewussten, im unbewusst *Anderen*, im Unbewussten als einer bild- und sprachbegabten inneren Instanz, womit klar wird, dass es eine wichtige und komplexe Kombination des Bild-Struktur- und des Wort-Wirkenden gibt, die mehr darstellt als das Ichideal, als die Zugehörigkeit zu dem Klüngelverein des Gemeinwesens, der Politik, der Psychoanalyse oder sonst wo und was. Der Ödipus-Komplex ist auch als Drei-in-Eins kombiniert, und das macht die Sache zwar wissenschaftlich begründet (aber noch ohne jede Praxis, wie ich

---

[31] Habermas, J., Auch eine Geschichte der Philosophie, Band II, Suhrkamp (2019)

sie in dem Kapitel über die Übungen der *Analytischen Psychokatharsis* nachholen werde).

Für was braucht es das alles überhaupt? Es braucht es, weil der Mensch in sich gespalten ist und sich trotzdem als Einheit wahrnehmen kann, was in dem Graphen klar wird, indem die Ecke 1 auf die Ecke 2 zurückwirkt, obwohl die Ecke 2 schon von unten her zuerst erreicht ist. Durch dieses Hin und Zurück gibt es auch zwei Ergebnisse, die ich als ‚Resultat‘ (Ichideal) und ‚A‘ (unbewusst *Anderer*) beschriftet habe. Genau auf dieses Eckenspiel, Kreuzungs- und Vereinigungsspiel, bezieht sich das erwähnte Genießen des Realen, das eben auch das Reale des Genießens ist, die ‚Jouissance‘, was mit den allerletzten Wahrheiten zu tun hat, wie ich es gerade weiter oben mit der blendenden Luzidität, des puren Körpergenießens ausgedrückt habe.

Ich drücke mich auf diesen Seiten etwas umständlich aus, wichtig ist vorerst nur diese für Lacan typische in sich selbst-kreuzende Bewegung der Begriffe, der Signifikanten, der links und rechts im Schema dargestellten Grundintentionen. Lacan macht allerdings selbst einen Vorschlag, wie man gegenüber dem für ihn und für die ganze Psychoanalyse bestimmenden Wort-Wirkenden, dem symbolischen Signifikanten, das Erscheinungs-Wirkende, den imaginären Signifikanten, psychoanalytisch besser erfassen könnte, nämlich durch etwas, was dieses Hin und Her, die sich kreuzenden ‚Ein‘, anschaulich erklärt.

Es handelt sich um die ‚projektive Geometrie‘, wie sie beispielsweise vom Mathematiker G. Desargues entwickelt

wurde. Lacan führt diesbezüglich in seinem dreizehn-
ten Seminar ausführlich
vor, wie die übliche geo-
metrische Perspektive, die
vom Auge und dem Seh-
zentrum im Gehirn bzw. im

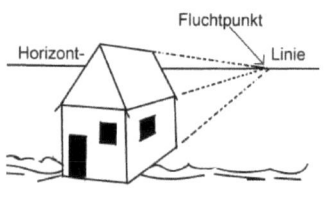

bewussten Seelenleben gestaltet wird, nur der eine Teil des
visuellen Wahrnehmungsvorgangs ist, nur die eine Ecke,
nämlich der des normalen Sehens. In diesem Sehen gibt es
bekanntlich eine Horizontlinie, auf der – besonders in Ge-
mälden und Fotographien deutlicher sichtbar – der Fluchtpunkt, der Anpeilungspunkt, des Sehenden markiert ist.
Das Haus in der Abbildung unten hat dadurch projektive,
schräge Wände.

Der andere Teil, die andere Ecke des Visuellen, besteht
aber aus den, dem menschlichen Subjekt eigenen unbewussten Blicken, ein Blicken, in dem nicht Auge und Gehirn gestaltend vorherrschen, sondern das Unbewusste mit
seiner ‚organisierten Perspektive' verwendet wird, wie sie
durch die ‚projektive Geometrie' und deren Einbettung in
die Einstein'sche Raumzeit-Krümmung erklärt wird. In
dieser Geometrie liegt der Fluchtpunkt im Unendlichen.
Dies wird auch in der Malerei deutlich, in der keine mess-
bare Geometrie vorliegt, sondern eine Projektion dersel-
ben, wie sie schon in den uralten Höhlenmalereien und
auch bei den modernen Expressionisten oder den Bildern
Picassos vorliegt, und die so das sich gespaltene Subjekt
zeigen. Im verschmelzenden Blick, im Phantasma, im
Selbstgenießen des Begehrens überwiegt die Projektion.

In dieser also projektiv organisierten Perspektive spielt das für die Psychoanalyse entscheidende Unbewusste in Form des sogenannten Phantasmas (unbewusster Phantasie) eine wesentliche Rolle. Es handelt sich nicht um die üblich bewusste Phantasie, sondern um einen unbewussten Vorgang, der aber konkret strukturierend für das Erscheinungs-Wirkende (Bild-Blick-Wirkende) ist, weil es eben den Gesetzen der projektiven Geometrie gehorcht, die auch den Traum beherrscht. So sind Traumbilder immer irgendwie im Raum gekrümmt oder eingerollt, sie haben keinen Horizont, der das Sehen bewusster machen würde. Daher existiert auch kein Fluchtpunkt, sondern ein – wie man sagt – Subjektpunkt, der irgendwo im Bild zu finden wäre, der die Verschmelzung sucht, die aber auch Angst macht. Man hat keine Methode dafür, das Sehen in seiner Gänze ideal, perfekt, total zu machen.

Denn das Sehen als solches, das unbewusste ‚Sehen‘, das Erscheinungs-Wirkende, ist das, was von außen nach innen geht und dann wieder projektiv nach außen strebt. Man kann das am besten bei den sogenannten Halluzinationen sehen, wo das visuelle Objekt Subjektcharakter hat. Es will einem mit Gewalt etwas sagen. Was dagegen normalerweise von innen nach außen geht wird dem Wort-Wirkenden zugeordnet, weil das wortbezogene Ausdrücken, sich Entäußern beim Menschen im Vordergrund steht. Es ist mit Kants Zeitbegriff verbunden, denn erst seit man Kurz- und Langweil, zeitlos, vorzeitig und unzeitig, Zeitenwende und weiß Gott noch was alles sagen kann, existiert Zeit. Und so ist in Kant'schen Begriffen auch der

Raum zu sehen, der nicht anderes ist als etwas total vom Visuellen, vom Bild-Struktur-Wirkenden Angefülltes.

In der *Analytischen Psychokatharsis* werden nun diese beiden Grundkräfte, Triebe, die ich vereinfacht in anderen Büchern auch nur ein Es *Strahlt* und ein Es *Spricht* bezeichnet habe, in eine besonders kompakte, vom Subjekt her gesehen gelungene, enge Kombination gebracht. Schon Freud sagte, dass die Grundtriebe immer „legiert", also kombiniert sind, aber in der Praxis seiner Therapie erwiesen sie sich immer als schlecht, als zu gegensätzlich, ja fast widersprüchlich kombiniert.[32] Und so muss man eine lange Psychoanalyse auf sich nehmen. Die *Analytische Psychokatharsis* vereinfacht den Vorgang, indem die befreiende Katharsis – bekannt aus der Hypnose – als Zusammenführungs-Moment zum Zug kommt.

Denn dieser Moment bringt mit den *Formel-Worten* das in der ersten Übung betonte Erscheinungs-Wirkende zu diesem zusammenführenden Kulminationspunkt, wo das Wort-Wirkende der *Pass-Worte* sich nun mehr äußern kann, was wiederum für die Herauslösung der Wahrheit aus dem Unbewussten entscheidend ist. Kein anderes

---

[32] So auch der erwähnte Eros-Lebens- sowie Todes- bzw. Destruktionstrieb Freuds. Doch ein zum Tod hin gerichteter, aktiver Trieb, erwies sich als eine Unmöglichkeit. Destruktivität kommt von den ersten Identifizierungsmodi her, wo man das, mit dem man sich das gleiche Objekt betreffend nicht identifizieren kann, in die Negativität und Destruktivität verschiebt. Und eine Kombination der beiden mündet stets in etwas Sadomasochistisches, was auch keine gute Ausgangsposition ist.

psychotherapeutisches Verfahren bringt einen derartigen alle Bereiche betreffenden Heilungsvorgang zustande. In der Psychoanalyse bekommt man nur das Wort-Wirkende (Deutung des Analytikers), in den üblichen Meditationen nur das Erscheinungs-Wirkende (Katharsis).

Zum Schluss und zusammenfassend lässt sich der Vergleich zwischen Psychoanalyse und Meditation und zwischen den beiden Grund-Trieben anschaulich darstellen, wenn man sich mit den von Lacan eingeführten drei Kategorien des Imaginären, Symbolischen und Realen, die für alles zuständig sind, um das es geht, beschäftigt. Vor allem für ein wissenschaftliches Vorgehen ist dies von Vorteil. So vermittelt die Kategorie des **Realen** nicht die Realität, sondern die Schranke, an der man nicht weiterkommt, die Hindernisse dieser Welt oder, wie Lacan es nennt, das Unmögliche, die unsichtbare ‚Wand‘, wie sie M. Haushofer in ihrem gleichnamigen Roman beschrieb. Seitdem wir uns den Kopf nicht mehr an der Realität anschlagen, weil wir mit der Technik dieses äußerlich Reale bis ins Atom und in die interstellare Raumstation hinein ändern können, wird das psychisch Reale mehr zur ‚Wand‘ des Inneren. Es ist der Punkt eines ständigen ‚Vorwärts-Scheiterns’, eines im analytisch psychotherapeutischen Vorgehen als eines Auf-der-Stelle-Tretens. Aber man muss ans Reale herankommen, nur damit im Zusammenhang findet sich wie gesagt das wahre Genießen

Aber auch in allen Meditationsverfahren gibt es diese Grenze, bei der man spürt, dass sie eine Stärke erreicht hat, die zwar als seelisch gefestigtes Sein bezeichnet werden, aber auch als das schon vorzeitig abgerundete Ziel, das Ende der jeweiligen Meditationsform gelten kann. Auch in der Meditation wird man kein Himmelstürmer, man holt das eigentlich Reale kaum je wirklich ein, es sei denn, man wäre mit seinen Doubles (also dem Bild- und Wort-Wirkenden) identisch, wie es der Philosoph C. Rosset ausdrückte.[33] Und darauf läuft das, was ich sagen will, ja auch tatsächlich hinaus, nämlich auf eine nur durch den Einzelnen erreichbare, praxisnahe, gelungene, reife, perfekte Kombination der beiden Grund-Intentionen. Sie, Zeit und Raum, Es *Spricht* und Es *Strahlt*, sind freilich von sich aus schon immer in einer bestimmten Kombination, doch die ist unkontrolliert, primär-primitiv, nicht ausreichend gut. Wenn sie in einem universalen Diskurs eingeschlossen werden sollen, muss man sie eben verbessern und einen Schlüssel dafür haben.

Es handelt sich also sowohl in der Psychoanalyse als auch in der Meditation beim Realen um ein allerletztes mehr oder weniger kaum Erreichbares und – wie man immer

---

[33] Rosset, C., Das Reale, Traktat über die Idiotie, Suhrkamp (1988) S. 50-63). Ich beziehe mich hier auf die Äußerung dieses Philosophen, weil er wie Freud davon ausgeht, dass der Mensch in sich zwiegespalten ist, und dass das Reale (das psychisch Reale, das eben auch das Unbewusste oder neuronale Netzwerk umfasst), das ganz und einheitlich ist, nur dann zum Vorschein kommt, wenn man seine Doubles (seine Schatten, seine Süchte, sein Unbewusstes, seine neuronale Vernetzung) kennt und mit ihnen völlig einig werden kann, was wohl nur schwer in solch direkter Form gelingt. Aber man muss es einmal so ausdrücken.

schon gesagt hat – Geheimnisvolles, das man nicht weiter lösen kann, es sei denn es gelänge eine optimale Kombination auch im Zusammenhang des Realen mit den zwei weiteren Kategorien, dem Imaginären und Symbolischen. Die Kategorie des **Imaginären** lässt sich anschaulich von der Menschheitsgeschichte her erklären. So haben die Vormenschen zwar den Horizont wahrgenommen, aber sie haben die starke Verlockung erst entwickeln müssen, die das Lichte oder Luzide, das ,ultrasubjektive Ausstrahlen', das dahinter und mit jedem neuen Horizont erneut dahinter zu vermuten war, zu ergründen reizte.

Auch in der Meditation wird dieses Imaginäre gern als Luzidität bezeichnet, als mythisches und innerliches ,Licht', weshalb ja beim Meditieren meist empfohlen wird, die Augen geschlossen zu halten. Wenn man lange genug im völligen Dunkel sitzt, fängt selbst die Farbe Schwarz an zu leuchten und bewirkt – wie beim Überschreiten des Horizonts – das Auftauchen eines weiteren Raumes, einer anderen Welt, das Wirken des imaginären Signifikanten, des Erscheinungs-Wirkenden. Es handelt sich um den von der Psychoanalyse her ebenso bekannten Subjekt-Blick, der sich in das scheinbar objektive Sehen des physiologischen Sehens her einmischt. Ich habe E. Coccia schon zitiert, der es das ,Sinnenleben', die Zwischenwelt der Sinnlichkeit nennt, die beseelt ist und glücklich macht.[34] Doch sie ist uferlos und findet nur Halt, wenn das Symbolische, das Wort-Wirkende dazukommt. Das Imaginäre, das Erscheinungs-Wirkende, hat so in Psychoanalyse und Meditation

---

[34] Coccia, E., Sinnenleben, Ed. Akzente Hanser (2020)

den gleichen Charakter und den gleichen Wert, der beim Übergang und Zusammenwirken der Signifikanten, des Wort-Wirkenden, und der Erscheinungs-Wirkenden hilfreich ist.

Auch die Kategorie des **Symbolischen** lässt sich aus der Menschheitsfrühgeschichte gut erklären. Denn die ersten Worte waren nicht Bezeichnungen für Dinge oder haben sich – wie viele Autoren meinen – aus Gesten ergeben. Sie waren vielmehr Losungsworte, Identitätsworte, die man anfing sich zu zurufen, und aus denen sich dann weitere Worte entwickelt haben. Der erste, ernsthaft betonte und zudem noch mehrfach wiederholte klangliche, phonetische Ausdruck war Ausgangspunkt der letztlich verbalen Sprache. Und so kann ich wieder zu Gott zurückkehren, wenn auch nicht in dieser rein konfessionell idealisierten Form, wie es auch heute in den Religionen noch immer üblich ist, sondern in der für Psychoanalyse und Meditation geeignetem Beispiel der Kombination von Grundintentionen. Auch Gott war ein Identitätswort, das in der Position des *Anderen* als Ichideal für Allmächtigkeit, Größe und Schönheit aber auch für Wut und Zorn gestanden hat.

IV. Erste Übung der *Analytischen Psychokatharsis*

Die Psychoanalytiker müssen sich also durch endlose Assoziationen ihrer Patienten mühen, um etwas halb Bekennendes herauszufiltern, um die in den Äußerungen der Patienten versteckten Ansprüche auf die Triebe, auf die Grundintentionen, wahrheitsgelungen zurückzuführen. Der von Lacan eingeführte Begriff des ‚linguistischen Kristalls‘ für das Unbewusste veranlasste mich jedoch, das therapeutische Vorgehen umzudrehen. Ich musste nur den formalst möglichen Weg dieser Zusammensetzung der Grundintentionen des Erscheinungs- und Wort-Wirkenden finden und dieses dann dem Unbewussten durch stete, gedanklich strikt formalisierte Wiederholung präsentieren.

Dieses von mir demnach *Formel-Wort* genannte und den ‚linguistischen Kristall‘ am f o r m a l s t e n Darstellende, konnte somit das Unbewusste öffnen und im Sinne der wahrheitsgelungenen Weise herausgeben. Denn das rein Fo r m a l e garantiert Neutralität und ist zugleich zentraler Angelpunkt des therapeutischen Geschehens, in dem auch der Psychoanalytiker in seiner wesentlichen Form als ‚Übertragungs‘-Objekt sitzt. Wie bereits eingangs geschildert, provoziert das *Formel-Wort* das Unbewusste und lässt es in wie von Ferne her kommenden Gedanken wahrnehmbar, ja hörbar werden. Garantie für das wahrheitsgelingende Vorgehen ist die ‚linguistisch kristalline‘ Weise, und die ‚übertragungsobjekthafte‘ Art, in der das *Formel-Wort* aufgebaut ist. Denn indem man das *Formel-Wort* (bzw. mehrere davon) stetig wiederholt, ‚überträgt‘ man in sein Nichts, in seine Überdeterminiertheit hinein die gleiche Positivität wie gegenüber einem Therapeuten, aber auch den ähnlich gestalteten Anspruch.

In der nebenstehenden Abbildung habe ich erneut ein *Formel-Wort* dargestellt. Es handelt sich wieder um eine lateinische Formulierung, die – von verschiedenen Buchstaben aus im Uhrzeigersinn gelesen – unterschiedliche Bedeutungen, unterschiedliche Phrasen enthält, je nachdem von welchem B(r)uchstaben aus man sie liest. Die Bedeutungen sind jedoch so disparat, dass man der Formulierung als Ganzes keinen Sinn zusprechen kann. Übt man nun rein gedanklich mehrmals hintereinander einen derartigen Schriftzug, kann das Denken sich an nichts festhalten und wird somit – wie bereits beschrieben – das Unbewusste aufgerufen, darauf zu reagieren. Diesmal lauten die einzelnen Phrasen im Uhrzeigersinn gelesen so:

ENS, das Sein, CIS, diesseits, NOM, vom (abgekürzt) Namen. SCIS NOMEN, du weißt den Namen. CIS NO, MENS, diesseits schwimme ich, oh Geist. MENS CIS NO, der Gedanke diesseits vom No (vom Nein). OMEN SCIS N, du kennst das Omen N. C IS NOMEN S, hundert dieser Name S, usw. Eigentlich genügen drei verschiedene Bedeutungen, um die Disparität, die Unvereinbarkeit eines gemeinsamen, geschlossenen Sinns aller Bedeutungen zusammen, zu gewährleisten. Doch wie schon betont, dient dies alles ohnehin nur der wissenschaftlichen, rein f o r m a l e n Plausibilität, auch wenn einzelne Phrasen ziemlich unsinnig sind. Merken muss man sich ja nur die geschlossene Formulierung, während man die einzelnen Phrasen vergessen kann.

Das Unbewusste reagiert auf diese Phrasen so, wie der Psychoanalytiker aus der Struktur des ‚linguistischen Kristalls' bzw. der des Übertragungs-Objekts heraus agiert, und wie ich es als einer der entscheidenden Gemeinsamkeiten zur *Analytischen Psychokatharsis* schon dargestellt habe. Diese Herausgabe, die ich auch ein Identitäts- oder *Pass-Wort* nenne, kommt in der zweiten Übung zustande, die ich im nächsten Kapitel beschreiben werde. Nur so viel schon im Voraus: die zweite Übung besteht aus einem in sich Hineinhören, im Wahrnehmen des inneren Tons oder Lautes, der als Primärvorgang des Wort-Wirkenden in jedem vorhanden ist. „Der Ton ist sogar eine der Weisen das Primäre, den Primat des Sprechens zu beweisen," was man speziell in der chinesischen Sprache und Schrift verwendet.[35] Zu einer Hälfte ist die Sprache auch aus der Schrift gekommen, und der von innen her gehörte Ton ist somit der Anfang vom Erlauschen, vom ‚Hören' bis hin zu den *Pass-Worten* (erklärt im Kapitel V).

Die *Formel-Worte* werden also in der ersten Übung der *Analytischen Psychokatharsis* in bequemer Sitzhaltung gedanklich geübt und sichern den so entscheidenden wissenschaftlichen Moment, der die sonst in meditativen Verfahren mythischen, mystischen und magischen Gewissheiten ersetzt, die nicht mehr zeitgemäß und eben unwissen-

---

[35] Lacan, J., Seminaire XVIII, Ed. Seuil (2006) S.

schaftlich und nur mythisch sind. Denn der Übertragungs-Höhepunkt, den ich von der Hypnose her als den kathartischen Befreiungs-Zustand bezeichnet habe, hat hier jetzt eine positive, konstruktive Form und findet nicht mehr in einem Abhängigkeitsverhältnis von der Stimme des Therapeuten statt. Er ist wirklich zum ‚Objektpunkt' des Verfahrens geworden, weil er so direkt zu der zweiten Übung hinüberführt, also zu der des Lautes, des Tons, und damit zur Einheit der Grundintentionen und deren Deutung.

Das Verfahren ist von seiner praktischen Seite her wie betont sehr einfach. Man sitzt also in bequemer Haltung und wiederholt rein gedanklich langsam hintereinander zwei, drei oder bis zu fünf der sogenannten *Formel-Worte*,[36] während man gleichzeitig darauf achtet, ob etwas auftaucht, das den Charakter eines Es *Strahlt*, des Luziden, des Erscheinungs-Wirkenden in seiner Primärform, hat. Nicht nur das Wort-Wirkende hat seine Primärform im Ton, im Laut, auch das Erscheinungs-Wirkende hat seine Primärform im Luziden der Katharsis, in etwas, das das Innere in einem ‚Strahltpunkt' erhellt oder gar als körperhaft spürbar einen ‚durchrieselt', durchschauert. Dass es in dieser ersten Übung zu so körpernahen Erfahrungen kommt hat damit zu tun, dass die nun schon mehrfach zitierten Spiegelungen, die Beziehungen des Idealichs, sich

---

[36] In dieser Broschüre werden insgesamt drei *Formel-Worte* beschrieben. Etliche sind auf der hinten angegebenen Webseite zu finden. Vorerst genügen die hier erwähnten.

vor-wiegend an der Spiegelung der menschlichen Körperbilder orientieren.

Erst in einer zweiten Übung (siehe später) kommt durch
Konzentration anderer Art eine Antwort (*Pass-Wort*) auf
diese erste Übung zustande. In den *Formel-Worten* ist die
kompakte Kombination der beiden Grundkräfte genau in
der geforderten Stringenz schon f o r m a l vorverwirklicht.
Sie kann in der Meditation direkt eingesetzt werden. In der
Psychoanalyse findet man diese Kombination zwar theoretisch gut konzipiert, sie liegt aber nicht in dieser praktischen Anwendbarkeit vor. Das Erscheinungs-Wirkende,
das mit der Katharsis zu tun hat, stellt sich also besonders
leicht ein, wenn man in bequemer Sitzhaltung auf so etwas
wie eine innere Helligkeit, einen Punkt der Luzidität, mithin auf etwas, das den Charakter eines Es *Strahlt* hat, achtet.

Es geht nicht um ein Sehen mit den Augen, die anfänglich
besser geschlossen bleiben, sondern um etwas, das automatisch, apriorisch (um mit Kant zu reden) in jedem Menschen vorhanden ist, eben als das Erscheinungs-Wirkende,
das Raumhafte, Strahlende, auftaucht, wenn man eine Zeit
lang übt. Gleichzeitig werden dabei die *Formel-Worte* rein
mental wiederholt. Auch wenn man lange genug in einem
völlig abgedunkelten Raum sitzen würde, tauchen Licht

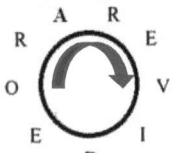

ähnliche Erscheinungen auf. Gedankli-
ches Wiederholen und Katharsis schaukeln sich so gegenseitig auf.

Verwendet werden sollten bis zu vier
oder fünf derartiger formelhafter For-

mulierungen, drei sind jedenfalls in dieser Broschüre bereits abgebildet und erklärt. Man muss sich also diese drei *Formel-Worte* merken, und wenn man längere Zeit damit übt, wird man stets automatisch die gleiche Reihenfolge einhalten und spontan ohne Nachdenken wiederholen können. Die Schnittstellen der B(r)uchstaben werden in solche des Unbewussten eingreifen und diejenigen, die besonders danach drängen gehört zu werden, zur Herausgabe zwingen. Wie intensiv dies gestaltet ist, zeige ich nochmals an der deutsch-lateinischen Auflistung des bereits im II. Kapitel und hier zur Erinnerung nochmals abgebildeten *Formel-Wortes* ARE VID EOR. Der bildhafte (imaginäre) Anteil liegt in den Buchstabenbildern, also nur in ihren reinen Linien und Strichen (wo sie wirklich B(r)uchstaben sind), während der worthafte (symbolische) Anteil in den verschiedenen Bedeutungen, und Phrasen liegt.

Eigentlich würden für die Wirkung der *Formel-Worte* drei oder vier Bedeutungen genügen. Hier sind es mehrere, von denen viele unsinnig wirken, doch dies ist wie schon gesagt kein Problem. Es soll ja kein Sinn vermittelt werden, und insofern die eine oder andere Auflistung einen Sinn hat, so lässt sich doch gerade wegen der großen Disparität aller Bedeutungen aus diesem einzigen Schriftzug keine gesamte eindeutige Aussage herausholen. Denn wenn es zu viele Bedeutungen sind, bleibt keine mehr zum wirklichen Begreifen übrig. Bleibt man jedoch in der Halbwachsamkeit des Meditierens, muss das Unbewusste selbst ganz direkt und unmittelbar ein Wort, eine Phrase herausgeben. Es handelt sich dann um den neuen Sinn der dritten Position, den eben nur die Unmittelbarkeit des

Unbewussten selbst geben kann.[37] Hier also die vollständige Auflistung:

A re videor	Ich werde vom Es wahrgenommen
Revide ora	Schau wieder hin, sprich!
Evide orar	Erkenne daraus: Ich werde gesprochen
Vide ora re	Schau, sprich, in Wahrheit!
Vi deorare	Mit Kraft voll sprechen
Video rare	Ich nehme ungewöhnlich wahr
Ideo rare V	Deswegen selten Fünf
De orare vi	Vom Sprechen mit Überzeugungskraft
Deo rare vi	Dem Gotte gelegentlich mit Kraft
Eo rare vid(E)	Dorthin schau selten!
Arevi deo R.	Ich bin verbrannt durch den Gott R
Orare vide	Das Beten (Sprechen) schau an!

Auch wenn also manche Bedeutungen nicht sehr sinnvoll sind – es geht hier nur ums rein Strukturelle, F o r m a l e. Das heißt, die Hauptsache ist, es stecken einerseits drei (oder mehr) völlig voneinander verschiedene Bedeutungen darin (im oben genannten Beispiel also zwölf, die sich

---

[37] Was Freud den ‚Nabel des Traums‘ nennt, hat etwas mit der Urverdrängung zu tun, der ursprünglichsten Verdrängung bzw. einer primären, innerseelischen affektiven Gegenbesetzung. In der *Analytischen Psychokatharsis* geht dieser ‚Nabel‘ jedoch mit in die Erkenntnis und Selbsterfahrung ein. Er ist die Schnitt- und Bruchstelle, die durch die Anwendung der *Formel-Worte* erzeugt wird und daher analoge *Pass-Worte* hervorbringen kann. Die Analogie ist ‚naiv‘, mathematisch, was D. Hofstadter in seinem Buch ‚Die Analogie‘ als wissenschaftliche Beweiskraft ansieht.

auf keinen letztlichen Nenner reduzieren lassen, damit also ausreichend disparat sind). Andererseits ist der Schriftzug als solcher (gerade weil man sich ja auf keine Bedeutung festlegen kann, wenn die Buchstabenfolge im Kreis geschrieben ist) eine reine bildhafte Buchstabenfolge, eine Linienfolge, die einen klaren linguistischen Aufbau hat, aber eben in toto nichts sagt. Damit folgt man bei der Anwendung derartiger *Formel-Worte* der psychoanalytischen Wissenschaft genauso wie einer wissenschaftlich begründeten Meditationsformel.

Nichts wirkt im Unbewussten stärker, als ein Satz, der nichts sagt, und besonders der, der trotz Überdeterminierung nichts sagt. Mantra und Koan vieler asiatischer Meditationsformen zeigen dies ebenfalls deutlich, sind aber, wie schon gesagt, wegen ihrer Unwissenschaftlichkeit und rein mythischen, mystischen, magischen Herkunft nicht brauchbar. Der chinesische Philosoph Zhuangzi lehrte, dass man grundsätzlich alles vergessen müsse, die ganze Kultur und alles drum und dran bis zur Verwirrung. Und dann sagte er: ,Oh, würde ich nur einen Menschen kennen, der die Sprache vergisst, damit ich mit ihm reden könnte!' Aus diesem Grund soll ja der Klient in der Psychoanalyse ,frei assoziieren', er soll das zu rational Gedanklich-Sprachliche vergessen und nur möglichst freie Einfälle äußern. Um diesen Sachverhalt für die *Analytische Psychokatharsis* zu nutzen, habe ich also die *Formel-Worte* entwickelt, die wissenschaftlichem Standard und vor allem der Lacanschen Psychoanalyse folgen und für das Meditieren geeignet sind.

Der B(r)uchstaben Charakter des *Formel-Wortes* wird also sichtbar, und er wird noch sichtbarer, wenn ich diese Formulierung statt als im flachen Kreis geschrieben, in eine geometrische Form mit einbringe (Abbildung unten). In der modernen Einstein'schen Geometrie (Topologie) behält ja bekanntlich jede Gestalt ihr Wesen auch dann noch, wenn sie völlig verformt, verschachtelt und verdreht ist. Es tauchen dann jedoch Schnitt-, Bruchstellen auf (ohne dass die Gestalt wirklich geschnitten oder gebrochen ist). Daher habe ich ein *Formel-Wort* auf ein Möbiusband geschrieben, das nur eine Fläche und doch zwei Seiten (Vorder- und Rückseite) hat. Es ist ein Band, das um 180 Grad verdreht zusammengeklebt ist, und das somit dem Unbewussten, der menschlichen Seelenspaltung (der Zwei in Einem) am anschaulichsten entspricht.

Diese Abbildung dient nicht der Verkomplizierung meiner Ausführungen. Die Sache verhält sich wirklich so, dass man, will man in seiner eigenen Seele lesen, man sich auf derart verschachtelte und evtl. auf topologische Formen geschriebene B(r)uchstaben einstellen muss. Auch die Neurowissenschaftler und speziell auch Lacan sprechen von Spiegelungen im Gehirn, die verdreht sind. Diese Verdrehung stellt man schon mit der ersten Übung des Verfahrens wieder in eine gerade Verfassung, indem das Kristalline, Imaginäre, in der Katharsis und in der Luzidität (dem Erscheinungs-Wirkendem) durch die *Formel-Wort*-Wiederholung eine stabilisierende Richtung

bekommt, so dass man dann in der zweiten Übung den unbewussten Text (das Wortwirkende) hören und entziffern kann, wie im nächsten Kapitel beschrieben sein wird.

Bei dem als Primärobjekt des Schautriebs fungierenden Blick handelt es sich jedoch eher um einen Blick, der einen scheinbar (im wörtlichen Sinne) wie von überall her angeht, anblickt. Im Schauen, Wahrnehmen, Sehen verbirgt sich diese Luzidität, glänzt eine Oszillation von Blick und Angeblickt Werden, die schon der Philosoph J. P. Sartre erkannt und beschrieben hat. Das Erscheinungs-Wirkende Objekt ist also nicht etwas, das man selbst imaginieren, erzeugen oder gar erzwingen muss. Es ist in jedem Menschen als Primärform eines Kräftegeschehens vorhanden und muss so nur geweckt oder erwartet werden. Genauso kann – um es abschließend nochmals zu betonen – aber auch ein ‚Durchrieseln‘, ein Durchschauern,[38] zu spüren sein oder die Empfindung auftauchen, wie das eigene Körperbild sich verschiebt, sich weitet, sich wie ein leichtes Durchströmen anfühlt oder es einfach nur als schwarze Farbe, Fleck vor den geschlossenen Augen festzustellen

---

[38] Damit ist eine Erfahrung gemeint, die etwas mit atavistischen Gefühlsreaktionen zu tun hat. Die Frühmenschen haben noch viel mit ihrer unbedeckten Haut gefühlt, ertastet und umweltbezogen kommuniziert. Auch bei bewegenden Musikstücken, wenn es einen wie durch einen den Rücken herunterrieselnden Schauer erfasst, greift man auf diese besonders tief gehenden Emotionen zurück. In der *Analytischen Psychokatharsis* wird diese Erfahrung in Form der Katharsis erlebt, aber vorwiegend als zur Vorerfahrung der *Pass-Worte genutzt.*

ist.[39] Denn schwarz ist schon eine Wahrnehmung, die sich von der Dunkelheit im Kopf ganz gering abheben kann. Egal was auch immer ‚gesehen' oder erfahren wird, es wird den Charakter von einem notfalls auch nur ganz geringem Es *Strahlt* haben, und das genügt.

Man muss nicht einen Kurs besuchen, um diese Erfahrung zu haben, die ja authentisch als Aspekt des Wahrnehmungs- oder Schautriebs in jedem Menschen vorhanden ist. Während dadurch bereits eine leichte Entspannung eingetreten ist, wird diese durch die gleichzeitig gedanklich wiederholten *Formel-Worte* vertieft. Es ist verständlich, dass durch das monotone rein geistige Wiederholen dieser Formulierungen das Erscheinungs-Wirkende-Phänomen begünstigt wird, was wiederum die Wiederholungsarbeit fördert. Beides, innerliches Wahrnehmen des Erscheinungs-Wirkenden und rein mentales Wiederholen der Formel-Worte schaukeln sich auf.

Erneut möchte ich erwähnen, dass man bei dieser ersten Übung sich nicht anstrengen muss, vor allem nicht mit der Augen-Stirn-Region etwas zu ‚sehen'! Das *Erscheinungs-Wirkende* kommt von alleine, man muss nur darauf achten, irgendetwas das den C h a r a k t e r eines Es *Strahlt* hat, wahrzunehmen. Es kann auch das erwähnte ‚Durchrieseln' sein, das die Katharsis sogar am intensivsten kennzeichnen kann. Sodann, am Höhepunkt dieser Erfahrung wechselt

---

[39] All diese Erfahrungen stammen von Personen, die mit dem Verfahren geübt oder wie früher in der Mystik, Methoden der Selbstsublimation entwickelt haben. Im Alten Testament schildert auch Eliphas die gleichen Erfahrungen (Hiob 4, 12, 15).

man auf die zweite Übung, nämlich das Hören eines ‚Lautes‘, Murmelns oder Gedankens, was eben den C h a r a k
t e r eines Es *Spricht* hat. Freilich kann man auch für jede
der beiden Übungen eine feste Zeit von etwa zwanzig Minuten ansetzen.

V. Zweite Übung der Analytischen Psychokatharsis

Bei der **zweiten Übung** wird nunmehr auf genau dieses Wort-Wirkende, dieses Körper-Echo,[40] also auf einen von oben oder rechts im Kopf her kommendes Verlauten, auf einen Ton, Laut (zumindest anfänglich), ein Es *Spricht* aus dem tiefen Inneren geachtet. Es sind schließlich Buchstaben, Phoneme, die aus diesem ‚typographischen' und hypersphärischen Raum herausklingen und die das Unbewusste dort gespeichert hält. Genau in diesen Raum sind die *Formel-Worte* eingedrungen und haben die B(r)uchstaben geweckt und evoziert. Auch hier wieder gilt das Gleiche: es handelt sich um einen ganz originären Aspekt des Entäußerungs- bzw. Sprechtriebes, dessen Primärobjekt die Stimme darstellt und der in jedem Menschen vorhanden ist und im Unbewussten sogar die Form ganz knapper, kompakter ‚innerer Sätze', ‚ultrareduzierter Phrasen' annimmt (Begriffe Lacans für diese lautliche Erfahrung).

Auch hier können also anfänglich oft nur ein Ton, dieser ‚Primat des Sprechens', ein ferner Laut oder Ähnliches wahrgenommen werden. Der Übende wird jedoch von Anfang an bemerken, dass es sich hier um eine Konzentration auf ein mehr oben-rechts oder oben-zentral im Kopf befindliches Hör-Sprechsystem handelt, zu dem die Echos

---

[40] Lacan, J., Seminar XXIII, Lacan-Archiv, S. 10, wo beschrieben ist, dass die Triebe auch als Echo des Körpers zu verstehen sind, d. h. dass das Wort-Wirkende im Körper in Form einer Stimme reagieren kann.

im Körper Beziehung haben, auf die hier zurückgegriffen wird.[41]

Meist ist es der Höhenflug, die Katharsis von der ersten Übung, der zu dieser zweiten Übung führt und dazu beiträgt, dass nun manchmal bereits spontan oder eben bei längerer Konzentration auf den unbewussten ‚Laut‘, die Äußerung der *Pass-Worte* als zutreffend zur Wirkung kommt. Die heilsame Kraft, die aus dem Zutreffenden der *Pass-Worte* ausgeht, hat mit der ‚Liebe als Erkenntniskategorie‘ zu tun, wie ich sie eingangs erwähnte, und die auch die Psychoanalyse ausmacht. Der Psychoanalytiker G. Kohon nennt sie die ‚detached love‘, was vom Übersetzer mit ‚getrennte Liebe‘ ausgedrückt wurde.[42] Aber es ist eine losgelöste, eine abgeschminkte Liebe, die sich nicht zu erkennen gibt, die aber im Kern auch der *Analytischen Psychokatharsis* wirkt, wenn es doch darum geht, im Wahren, Gereiften und Gelungenen erkenntnismäßig zu sich zu kommen. Kurz gesagt: wenn man die *Formel-Worte* lieben kann, werden sie ihre Wirkung preisgeben. Nur so Dahin-Gedachtes wirkt nicht so gut.

In der *Analytischen Psychokatharsis* kann man nicht einer völlig absorbierenden Identifizierung mit dem Therapeuten anheimfallen, wie das in der Psychoanalyse oft der Fall

---

[41] Auch wenn das eigentliche Hör-Sprechsystem im Kopf linksseitig angelegt ist, ist eben rechtsseitig das mehr rudimentäre, rhythmische, prosodische und der Regression und Meditation besser zugängliche Hör-Sprechsystem vorhanden.
[42] Kohon, G., Love in a time of madness. In Green & Kohon: Love and its vicissitudes, Routledge (2005) S. 41 - 100

ist. Umgekehrt sitzt auch kein Therapeut dabei, der sich um Abstinenz und Distanz bemühen, nichts von sich selbst einbringen und auch zu große Empathie vermeiden muss. Es genügt die ‚detached love‘, die in der gesamten Vorgehensweise steckt. Dazu muss man wie gesagt wohl auch von vornherein die *Formel-Worte* mögen, denn manche Übenden haben – wie schon eingangs als typisch für die Psychoanalyse beschrieben – Widerstände dagegen. In Vorträgen habe ich oft gehört, wie Zuhörer ein *Formel-Wort* ein bisschen verdrehten und beispielsweise aus dem ARE VID EOR ein ‚Ah Weh Video‘ machten.

Man ist diesen seltsamen Worten gegenüber skeptisch, so wie man der Sexualtheorie Freuds erhebliche Skepsis entgegenbrachte, um zu vermeiden, dass man seine Verdrängungen aufdecken muss. Freilich ist es seltsam, die Verdrängungen im Kleid des Sexuellen sehen zu müssen, aber völlig entblößt, mithin traumatisch, wäre zu krass. Aber ohne den Hinweis auf den Charakter des sexuellen Begehrens, wäre die Provokation ins Unbewusste zu schwach. Genauso verhält es sich bei den *Pass-Worten*, bei denen es – um es mit Lacan zu sagen – um „ein Sagen als Ereignis geht, denn nichts mehr als das kennzeichnet die Liebe: ein makelloses Sagen!"[43] Ein Sagen „sans bavures", ein Sagen ohne Kratzer, das seltsam und auch erschreckend klingen kann. Neben und in der enthüllenden Funktion der *Pass-Worte* kommt in positiver oder negativer Weise ans Licht, was hinter der Fassade des Ich steckt.

---

[43] Lacan, J., Seminaire 21 vom 18. 12. 1973

Eben deswegen dürfen auch die *Formel-Worte* nichts Definitives aussagen, das würde nur die alltäglichen Unebenheiten verursachen, die das übliche Reden der Menschen untereinander und in unlieber Weise aufwirbelt. Es geht auch um das Sagen, das ich als das Gedanken ausgebende des Unbewussten bezeichnet habe, das Vernehmen, ‚Hören‘, der unbewussten Gedanken, was neben der Katharsis die letztliche Wirkung der *Analytischen Psychokatharsis* darstellt und was ich also *Pass-Worte* (Identitätsworte) nenne. Auch hier erinnere ich nochmals an die kompakte Kombination, die durch Katharsis und *Pass-Worte*, durch die Legierung von Erscheinungs- und Wort-Wirkendem erreicht und die durch kein sonstiges selbsttherapeutisches Verfahren so wahrheitsgemäß präzisiert wird. Dazu – bevor ich lange Erklärungen abgebe – ein weiteres Beispiel, das ich erst vor einiger Zeit von einem Probanden der *Analytischen Psychokatharsis* erfahren habe.

Nach längerem Meditieren vernahm derjenige nämlich wie von fern und doch ganz klar in sich selbst einen Spruch, der „die Totgeliebte“ hieß. Die Totgeliebte? Klar, eindeutig, da braucht man nicht lange zu interpretieren. Es fragte sich nur, ob es die eigene Frau war oder eine andere. Bei der eigenen würde es bedeuten, dass er ihr Leben unter einem Beschützervorwand von Liebe so schwer macht, dass man den Tod fürchten muss. Auch A. Gide schilderte einmal den perfekten Ehemann, der alles konnte, alles richtig machte und der vor allem wusste, wie man als besonders liebevoll wirkt, ohne dass ein Hauch von Wahrheit dahintersteckte. Gides Protagonist hatte seine Frau vielleicht nicht ‚totgeliebt‘, aber doch kalt und steril geradezu verdinglicht, todähnlich gemacht. Bei der anderen Frau meines Probanden – und eine solche Geliebte gab es tatsächlich – hatte die völlige Geheimhaltung und damit Abschottung vor Familie und Gesellschaft, also ein perfekt durchorganisiertes Doppelleben in gleicher Weise zu einem „todgeliebten" Aspekt geführt, obwohl hier heiß geliebt wurde.

Auf jeden Fall gingen meinem Probanden, als er so etwas beim Üben der *Analytische Psychokatharsis* erfuhr, derartige Gedanken über sein Doppelleben durch den Kopf. Auch wenn sie negativ sein sollten und man einen Widerstand gegen ihre Aussage hat, zeigen die *Pass-Worte* doch, dass man authentisch und mit wahrheitsgemäßer Selbsterfahrung konfrontiert ist. Man ist nicht so sehr in Bild- und Wort-Wirkendes gespalten, wenn der eigene unbewusster Teil mit einem redet, sondern findet sich nunmehr in der ,Drittheit' wieder, im fertigen Drei-in-Eins, im ,dreiteilig einigen Menschen'. Gespalten ist man, wenn man nicht mit seinem Unbewussten konstruktiv kommuniziert, sondern starr bleibt und schweigt. Die Spaltung als „zwei gegensätzliche und unabhängige Einstellungen" des Seelischen liegt der psychoanalytischen Theorie der menschlichen Person zugrunde.[44] Man verharrt still und starr vor dem Bild im inneren Spiegel, man geht nicht durch es hindurch, nicht hinter den Spiegel, auf die andere Seite des Horizonts. Aber wenn man diesbezüglich etwas aus sich selbst heraushören kann und dazu die geeignete Deutung

---

[44] Laplanche, J., Pontalis, J. B., Das Vokabular der Psychoanalyse, suhrkamp wissenschaft (1973) S. 210

findet, ist das etwas ganz anderes. Dann ist die gereifte, gute Triade erreicht. Mein Proband begann in viele Richtungen nachzudenken und sodann ausführliche Gespräche mit seinen Frauen zu führen, die eine Lösung erbrachten.

Wie beim delphischen Orakel aber auch in vielen psychoanalytischen Deutungen und selbst in den religiösen Offenbarungen muss man nämlich die letzte Wahrheit manchmal noch zusätzlich ein bisschen durch Nachbesserung ergründen. Es ist nicht schwer mit sich selbst zu reden, doch nicht in der Form eines Ich-Monologs, sondern mit dem unbewusst *Anderen* in einem selbst, der ja empfänglich ist, bereit zur Befruchtung und zur Geburt der Wahrheit. Der Nobelpreisträger P. Handke erzählte einem Journalisten, dass er oft „unwillkürliche Selbstgespräche führe".[45] Er geht im Stillen spazieren, denkt dies und das, und plötzlich taucht ein fast fremder, unwillkürlicher Gedanke auf, den er sich merkt und für sein Schreiben verwendet. Es geht wohl um genau dasselbe wie bei den *Pass-Worten*, ohne dass Handke große Vergleiche zu meditativen Verfahren hergestellt hat. Mit dem *Anderen* des Unbewussten kann man die Sache authentischer, also näher am Realen und der Wahrheit gestalten, die immer „unwillkürlich" zu Tage kommt, denn im Üben soll kein Zwang stecken. Klarer wird es jedoch meist erst durch zusätzliches Deuten und Interpretieren des Gehörten, was der

---

[45] Kümmel, P., Was bedeutet ‚u.',S.' ?, DIE ZEIT vom 2. 12. 2019, S. 44

Wahrheit und der Unwillkürlichkeit (die auch für das Reale zutrifft) keinen Abbruch tut.

Ich bin im Text darauf eingegangen, zu welchen mehr analytischen und damit auch weniger kathartischen Effekten diese zweite Übung führt. Es bleibt nicht beim einfachen Hören und Erfahren von inneren Lautphänomenen, sondern entwickelt sich auch zu Buchstabenfolgen bis hin zu kurzen Sätzen. Solche – wie erwähnt von Lacan auch als ultrareduzierte Phrasen' beschriebene Kurzsätze – kommen direkt aus dem Unbewussten und haben so natürlich mit der Identität des Übenden zu tun. Es geht tatsächlich um ein ‚Es Erzählt mich mir‘, ‚Es Erzählt mir meine eigene Geschichte‘. Ein weiteres Beispiel, das jemand erfuhr, der schon länger mit der Methode übte, will ich hier nochmals abschließend beschreiben.

Der Betreffende war an religiösen Fragen sehr interessiert, obwohl er keinerlei Glauben oder Konfession anhing. Während er also wieder einmal eine halbe Stunde mit dem Üben beschäftigt war und dies gerade beenden wollte, nahm er einen Gedanken wie tief in ihm aufsteigend und fast hörbar (so seine Schilderung) wahr: „Lasst uns das vierte Buch stehlen"! Was sollte das heißen? Ihm und auch mir – da er es mir erzählte und ich sein religiöses Interesse kannte – wurde sehr bald klar, dass es um ein Buch des Glaubens gehen musste, eben um das Buch, das nach dem Alten und Neuen Testament sowie dem Koran vielleicht ein weiteres religiöses Buch sein sollte. Es ist so typisch für das *Unbewusste*, dass es nicht gelautet hatte: „Lasst uns das vierte Buch schreiben"! Das wäre der typische

Wunsch des engagierten Orthodoxen, des voller überfrommer Wünsche steckenden Rechtgläubigen gewesen, dem die drei großen Glaubensbücher noch nicht genügen. Nein, hier spricht das *Unbewusste* mit seiner charakteristischen Gegenbesetzung, seiner fast etwas orakelhaften Art. Dieses vierte Buch gibt es nicht und man kann es auch nicht schreiben. Man kann es tatsächlich nur stehlen!

Denn es verhält sich wie ein Stehlen, wenn man es sich aus der eigenen unbewussten Tiefe holt. Obwohl es um die eigenen unbewussten Gedanken geht, erscheinen sie einem erst wie fremd, anders. Man kann sich dabei also nur selbst bestehlen, so wie die falschen falschen Spuren die richtigen sind. Denn selbstverständlich ist ja wieder der Betreffende selbst gemeint. Der so am Religiösen Interessierte muss sich hier also belehren lassen, dass keines all dieser Glaubensbücher ihm wirklich etwas über die Religion enthüllt hat und enthüllen wird. Sie können einen anregen, sich mit der religiösen Frage zu beschäftigen. Aber sie werden nicht zu dem führen, zu dem diejenigen damals geführt worden sind, die diese Bücher letztlich geschrieben haben (oder in dessen Namen sie geschrieben wurden). Die ausgestorbene Fähigkeit zu Offenbarungen ist ja bekannt. Mein Proband hat sich ja auch deswegen der *Analytische Psychokatharsis* zugewandt, weil er weitere und eben andere Zugänge als Bücher, Katechismen oder Predigten zum Seelischen, Religiösen, Geistigen oder wie man es immer nennen mag, gesucht hat. Und Gott sei Dank erhält er die Information: um dem Sakralen näher zu kommen, musst du ein Sakrileg begehen, du musst stehlen, bei dir selbst (,ek me auton', aus mir selbst heraus, wie

Heraklit es sagte). Oder anders herum: die Wahrheit muss man erfinden, meinte Lacan, ja man muss selbst die Psychoanalyse neu erfinden, gänzlich neu erschaffen, sagte er.

Du kannst – so die weitere Deutung, zu der mein Proband das meiste beitrug – die Wahrheit nur auf den Wegen finden, auf denen man sie auch früher schon philosophisch oder religiös gefunden hat, nämlich durch eine gewisse Paradoxie hindurch. Das *Unbewusste* sagt nicht (und auch ein offenbarender Gott würde es heute nicht mehr sagen), „lies die großen Glaubensbücher"! Nein, du musst dein eigenes Ich verlieren, dein Bewusstes, dein Idealich und Ichideal, deine Allwissenheit und deinen Glauben an Konfessionen und eingetrichterte Überzeugungen. Nur Es, der/das unbewusste *Andere* in dir selbst sagt die Wahrheit. Bestiehl alle diese pseudowissenschaftlichen oder sonstigen mythischen Äußerungen, die in der Welt zirkulieren. Die Wahrheit ist in dir selbst und du musst sie dort und nur dort finden. Und du musst es selbst machen. Stehlen und selbstschöpferisch tätig sein ist eine schwierige Arbeit. Es ist Analyse, aber auch *Katharsis*. „Lasst uns das vierte Buch stehlen" hatte eine befreiende, *kathartische* Wirkung für den Betreffenden.

Zudem: Selbstverständlich ist es etwas ganz anderes, wenn der Übende eines Tages den Gedanken gehabt oder ein anderer ihm etwas zu seiner unbefriedigten Religiosität gesagt hätte. Durch diese äußere Logik wäre er nur sehr schwach überzeugt gewesen. Aber als dies wie von tief heraus, wie mahnend aus dem eigenen Inneren ihm zukommt, ist die Überzeugung eine andere. Plötzlich war aus dem ‚universalen Gemurmel' heraus (den Lauten, Klängen, Raunen, Verlauten des Unbewussten) exakt jene *Andersheit* selbst wie hörbar herausgetreten. Der/Das *Andere* selbst hat gesprochen.[46] Das erzeugt in erster Linie eine schlüsselartige Erkenntnis (*Analytische*) und auch noch etwas *Psychokatharsis* (Befreiung, kathartische Reinigung). Dabei hat diese Erfahrung des „Vierten-Buch-Stehlens" und der Erhellung der dahinter steckenden Bedeutung nichts mit Mystik zu tun. Es geht wirklich darum, dass ‚Es ihm seine eigene Geschichte erzählt', Es, das Subjekt in ihm, das Unbewusste, in der diesem Seelenkern typischen Sprache.

Dass diese ‚inneren Sätze', diese *Pass-Worte,* so knapp, ‚ultrareduziert' und präzise sind, hat natürlich mit der gleichen Knappheit und Präzision der *Formel-Worte* zu tun. Das Unbewusste wird durch so eine kompakte und in sich vielschichtige Formulierung (deren Nicht-Sinn zum Stehlen verleitet), wie es die *Formel-Worte* sind, zu einer ebensolchen Formulierung (die wie gestohlen ist) angeregt. Ist die Kombination wirklich ideal, d. h. dass *Katharsis* und *Pass-Wort* zugleich auftreten, verstärkt sich der Eindruck der zutreffenden Aussage. Genauso wichtig ist die zusätzliche rationale Deutung des Erfahrenen, die jedoch meistens auch ohne Hilfe eines Therapeuten gelingt.

---

[46] Der/Das *Andere* (A) ist in der Psychoanalyse Lacans ein wichtiger Begriff. Lacan sagt, dass das Unbewusste die Sprache des ganz *Anderen* in uns ist, kurz: es ist das *Erscheinungs-Wirkende / Spricht* in uns.

Im Zustand der kathartischen Umschaltung verhält es sich wie bei der Umschaltung des Einschlafens und Aufwachens und wie bei der zutreffenden Deutung und Enthüllung in der Analyse, nämlich dass ein affektiver Höhepunkt das Zutreffende bestätigt und umgekehrt das Zutreffende einen affektiven Höhepunkt mit enthüllender Einsicht bewirkt. Man muss also nicht Angst haben, dass das eigene Ich verloren geht, wenn die *Pass-Worte* seltsam klingen. Aber auch wenn die Koinzidenz von *Katharsis* und *Pass-Wort* nicht so synchron verläuft, sind die Aussagen – wie ja demonstriert – durch analytisches Nachdenken und -fragen zu klären. Hier kann dann eben auch notfalls eine Besprechung beim Therapeuten gut sein, wenn man glaubt, diese nötig zu haben.

Jeder muss hier also selber mit Geduld ausprobieren, was er als *Pass-Wort* anerkennen kann. Manchmal ist es nämlich so, dass man erst fast im Nachhinein, in der Endphase der *Pass-Wort*-Erfahrung, des Phrase-, des Gedanken Hörens, den Kurzsatz wahrnimmt. Manchmal scheint es ein sehr, sehr leiser Gedanke zu sein, der aber dennoch klar oder ziemlich klar ist. Ich muss mich hier so diffus ausdrücken, trotzdem besteht an dem Phänomen kein Zweifel und zwar sowohl von der psychoanalytischen Theorie her wie auch von den zahlreichen meditativen Erfahrungen, die ich bisher sammeln konnte.

Wie ich schon erwähnt habe, liegt ein Schwerpunkt der *Pass-Worte* auch darin, dass sie einem wie von einem *Anderen* gedacht, wie von einem Unbekannten formuliert und wie von einem kenntnisreichen Suggestor ausgedrückt, aus dem Unbewussten herüberkommen. Es handelt sich sicherlich nicht um Gott und auch nicht nur um etwas Verdrängtes, sondern eher kommt hier – wie es der Psychoanalytiker S. Leikert beschrieb – das Kreative, das nicht ‚objektrelationale' Unbewusste, das unbewusst Rhythmische, zum Zug.[47] Und somit ein allerletztes ähnliches Beispiel eines *Pass-Wortes* zum Schluss. „Ich spiele Suizid" ‚hörte' einer meiner Probanden sich denken. Tatsächlich hatte er schon öfters vom Suizid geredet, doch niemals hätte ihm jemand, auch kein Therapeut, sagen können: Sie spielen das ja nur, das ist nicht ganz echt bei Ihnen. So gesagt wäre es viel zu provokant, ja gefährlich gewesen. Aber das eigene *Pass-Wort* darf einem alles sagen.

Denn weil es ihm sein Unbewusstes jetzt selbst zuraunte, fand er sich zum ersten Mal mit dem Gedanken, dass es sich bei ihm vielleicht nicht ganz um einen echten Suizidwunsch handelte, konfrontiert. Er war depressiv und negative Gedanken waren bei ihm berechtigt. Doch jetzt konnte er offener davon sprechen und das Problem lösen. Ihm fiel ein, dass der Spruch mit seiner Kindheit und seiner Mutter zu tun hatte. Die Mutter hatte immer wieder einmal vom Suizid gesprochen, ja sie hat sich oft zwei Tage lang in

---

[47] Leikert, S., Das kinästhetische Unbewusste, Sonderheft PSYCHE, Sept./Okt. 2013. Hier geht es nicht um die Beziehungen zu fixierten psychischen ‚Objekten', sondern zu einem kreativen ‚wohin', während die Psychoanalyse nach dem ‚woher' frägt. Auch könnten hier wieder vom ‚Präödipalen' sprechen, also den tieferen unbewussten Komplexen.

einem Raum am Dachboden eingeschlossen und einen Suizid angedeutet, aber es – Gott sei Dank – nie getan. Er hatte immer Schuldgefühle, sie könnte seinetwegen damit gedroht haben, jetzt wollte er sich selber mit dem gleichen ‚Spiel' befreien, das die Mutter mit ihm spielte, oder besser gesagt, dass beide miteinander gespielt hatten.

VI. Schlussfolgerungen

Nochmals Kurzfassung der Praxis und zwei weitere *Formel-Worte*. Nach der ersten Übung, dem gedanklichen Wiederholen mehrerer *Formel-Worte* bei gleichzeitigem darauf achten, ob man ein Erscheinungs-Wirkendes, eine Luzidität, ein ‚Durchrieseln', eine befreiende, kathartische Erfahrung, wahrnimmt, hat man das Körperbewusstsein (die Wahrnehmung des eigenen Körperbildes) überstiegen. Wenn der Luziditätspunkt sich zu einem ‚Objekt' erweitert, sozusagen zu einem uferlosen Blick wird, zu einem Blick „wie Gott einen sähe",[48] ist die Katharsis ausreichend und dann geht man (meist ca. nach zwanzig Minuten) zur zweiten Übung über. Hierbei konzentriert man sich auf den Laut, den Ton, das *Spricht*, von oben oder rechts innen her, bis sich feinere Töne oder eben ein Gedanke meldet, der wie eine aus der Ferne kommende Stimme klingen kann, obwohl es aus den eigenen Körper-Echos kommt. Mit der Zeit der Übungen bekommt man stets ein klares und sicheres Gefühl für den Umgang mit dieser (evtl. auch zwanzig Minuten dauernden) zweiten Übung und mit dem gesamten Verfahren.

Da zum Üben der *Analytischen Psychokatharsis* mehrere *Formel-Worte* gebraucht werden, füge ich hier zwei weitere an. So ist auch das folgende *Formel-Wort*, nämlich

---

[48] *Ich* zitiere einen Satz des indischen Psychoanalytikers S. Kakar, weil er auch zeigt, dass Kritisches zu sehen ein Menetekel sein könnte, jedoch eingerahmt in die Positivität des Verfahrens und damit eine sinnvolle Enthüllung.

RA-DIC-IT, das auf dem Umschlagsbild gezeigt ist, kein normales Wort aus dem Lateinischen, aber es beinhaltet ebenso mehrere sich überschneidende Bedeutungen in einer Formulierung, es ist „linguistisch kristallin" aufgebaut (wie erwähnt ein Ausdruck, den Lacan für die Struktur des Unbewussten verwendet). Außer dem radiat und dicit (*Erscheinungs-Wirkende* und *Spricht*) ergeben sich im Kreis geschrieben und von verschiedenen

Buchstaben aus gelesen, mehrere unterschiedliche Bedeutungen. So können wir hier z. B. auch „adi cit r" (geh heran, es bewegt R) „C i tradi" (hundert I übergeben), „citra di" (diesseits die Götter), „dicit ra" (es sagt ra), „r adic it" (füge r hinzu, es geht), „radi cit" (gekratzt werden, es bewegt sich), „trad ici" (erzähle! ich habe getroffen) etc. herauslesen, wobei vieles recht unsinnig klingt. Dies hat jedoch für den formalen Ausdruck keinerlei Bedeutung. Ausschlaggebend ist hier nur, die wissenschaftliche Begründung (mehrere Bedeutungen in einer Formulierung, Verwendung nur anderer Schnittstellen) klar darlegen zu können, und dies ist für das Verfahren sehr wichtig, weil man nur so volles Vertrauen in die Methode haben kann.

Nochmals also zur Praxis: in bequemer Sitzhaltung achtet man bei geschlossenen oder halb geöffneten Augen auf das *Erscheinungs-Wirkende* (‚Scheint', ‚Durchrieselt', Punkt der Luzidität), während gleichzeitig langsam, monoton und rein gedanklich ein oder mehrere *Formel-Worte* hintereinander in knappen Abständen und immer wieder neu wiederholt werden. Dies ist die erste Übung, die auf tatsächlichen Vorgaben der Psychoanalyse beruht, weil durch das mentale Reverberieren eine Regression (ein innerlicher Rückzug) erzeugt wird, die sich gleichzeitig nur auf einen eingeengten Aspekt des Wahrnehmungs- bzw. Schautriebs konzentriert (das *Erscheinungs-Wirkende*).

In der gleichen Art setzt sich die *Formel-Wort*-Wiederholung an die Stelle dessen, was man in der Psychoanalyse den Wiederholungszwang, das entstellte, unbewusste Wiederholen nennt. Dieses Wiederholungsgeschehen ist schwer zu psychoanalysieren, da es nicht durch psychische ‚Objekte' wie die Verdrängungen im Innern repräsentiert ist, auf die man zugreifen und die man bearbeiten kann. Die Psychoanalytikerin A. Bitsch spricht daher von der ‚guten Wiederholung' wie sie in der *Analytischen Psychokatharsis* stattfindet,[49] indem das unbewusste Wiederholen durch ein bewusstes Wiederholen der *Formel-Worte,* die ja ebenfalls einen entstellten Sinn haben, aufgehoben wird, und zwar zuerst einmal nur solange wie die Übungen der *Analytische Psychokatharsis* wirken. Mit dem Auftreten der *Pass-Worte* wird das unbewusste Wiederholungsgeschehen jedoch endgültig reguliert, so wie ja auch die richtige Deutung in der Psychoanalyse, so sie den Inhalt des unbewussten ‚Objekts' erfasst hat, die Verdrängungen aufhebt.

Nach dem R-A-D-I-C-I-T kann nun auch noch O-R-S-A-C-E-R-A-M als ein weiteres *Formel-Wort* zu dieser ersten

---

[49] Bitsch, A., Diskrete Gespenster, Die Genealogie des Unbewussten, transcript (2008)

Übung hinzugenommen werden, in dem folgende Bedeutungen stecken: C eram orsa (hundertfach war ich Beginnen), amo R sacer (ich liebe das heilige R), cera morsa (das zerstückelte Wachs), mors acer (der Tod ist bitter), amor sacer (die Liebe ist heilig) usw. Wie betont, kann man diese Bedeutungen gleich wieder vergessen. Wichtig ist nur zu verstehen, wie die *Formel-Worte* aufgebaut sind, so dass man wissenschaftlich-intellektuell das Verfahren jeder Zeit hinterfragen kann. Kommen irgendwelche Gefühle oder Ideen hoch, die unpassend sind oder Angst machen, kann man nachdenken oder sich weiter über das Verfahren belesen. Blinder Glaube ist nicht gefragt.

Die zweite Übung ist noch einfacher zu handhaben. Es geht um ein Nach-Innen-Lauschen, das sich schon nach kurzer Zeit in Form eines Tones, ‚Lautes‘, Murmelns, Raunens bis hin zum Vernehmen ‚ultrareduzierter Phrasen‘, *Pass-Worten*, verdichten wird. Mit der Zeit rücken das Erscheinungs- und das Wort-Wirkende mehr und mehr zusammen zum geschlossenen *Anderen* eines jeden selbst, der wie zu einem Dialogpartner, einem Kommunikationspartner aus dem Unbewussten wird. Schon bei Lacan haben sich viele gefragt, ob sein Konzept des unbewussten *Anderen* nicht das Gleiche wie Gott betrifft. Doch darum handelt es sich nicht, es würde nur den ganzen Bereich der Religion und Theologie durcheinanderbringen,

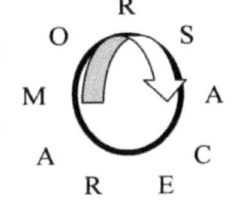

wenn man solch eine Auslegung präferieren würde. Es geht um den/das unbewusst *Andere(n)* in einem selbst, den besten Freund, den man haben kann.

Durch den ‚durchrieselnden Schauer der ersten Übung der *Analytischen Psychokatharsis* wird man jedoch in die zweite Übung wie schwebend hinübergeleitet, was zusätzlich zur entspannenden Monotonie der *Formel-Worte* das Unbewusste auch sprachlich öffnet. Jetzt ist der Punkt des Zusammenschlusses des Erscheinungs- und Wort-Wirkenden als des realen ‚Ein' erreicht und drückt sich eben *passwörtlich* aus, woraus ein Bekenntnis zur inneren Wahrheit mit ein bisschen auch rationaler Gedankenhilfe leicht möglich ist.

Bemerkt man, dass der Erscheinungs-Wirkende Anteil beim Üben zu stark ausfällt (oder zu viele Erinnerungen und Bilder kommen), wechselt man gleich zur zweiten Übung und umgekehrt ebenso (wenn das nach innen Hören zu vielstimmig wird). Manchmal stören andere Dinge wie völlig abschweifende Gedanken oder Somatisierungen (z. B. Reizhusten und ähnliches). Dann empfiehlt es sich, die *Formel-Worte* ganz intensiv zu wiederholen, so, als könnte man sie laut und mit Empörung darüber, dass die richtige Wirkung nicht eintritt, denken. Lacan würde sich freuen, wenn er so etwas hören könnte, nämlich dass das Symbolische solche Wirkung haben kann, sogar körpernahe Symptome zu verändern. Die Kompaktheit des Erscheinungs- und Wort-Wirkenden als einer gelungenen, engen Kombination, kann psychosomatische Beschwerden durchbrechen und den Heilungsprozess beschleunigen.

Das Ziel des Verfahrens liegt darin, eine möglichst ideale, gelungene und befriedigende Kombination der beiden

Übungen zu erreichen. Ich kann hier keine definitiven Vorgaben machen, denn wann die erscheinungs-wirkende- und die wort-wirkende Übung, in ihrer Kombination erfüllend sind, sollte jeder selber wissen können. Schließlich reifen die Erfahrungen auch im Fortschritt mit der Theorie, über die man sich belesen oder die man selber weiter begründen kann. Der Wechsel von praktischer Erfahrung und theoretischem Denken ist wichtig, weil am Ende etwas Gemeinsames herauskommen wird: eine gedankliche Selbsterfahrung, eine praktische Logik, eine kathartische Analyse. Letztendlich können beide Übungen auch zu einem inneren ‚Auftrag‘, zu einer Gewissheit führen, in der weiteren Gestaltung des Verfahrens mitwirken zu können.

Empfehlungen für ein weiteres Literaturstudium

Freud, S., Abriss der Psychoanalyse, Fischer Tb, 1996
Lacan, J., Die vier Grundbegriffe der Psychoanalyse, 1980
Weischede, Zwiebel; Neurose und Erleuchtung, 2009

Webseite des Autors:
www.analytic-psychocatharsis.com
Kontakt: g.vonhummel@web.de

Literaturverzeichnis

Appleton, T., Warum verschwanden die Neandertaler, Heyne (1999)

Baggini, J., Ich denke, also will ich, dtv (2016)

Barkhaus, A., Mayer, M., Identität, Leiblichkeit, Normativität, Suhrkamp (1996)

Bauriedl, T., Beziehungsanalyse, Suhrkamp (1993)

Benthien, C., Wulf, Ch., Körperteile, Rowohlt (2001)

Bezzel, C., Wittgenstein, Junius (1996)

Brenman, E., Vom Wiederfinden des guten Objekts, frommann-holzboog (2014)

Breuer, R., Immer Ärger mit dem Urknall, Rowohlt (1993)

Bischof, M., Biophotonen, Zweitausendeins (1995)

Brockman, J., Vogel, S., Wie funktioniert die Welt?, Fischer Taschenbuch (2013)

Byung-Chul Han, Die Austreibung des Anderen, Fischer Wissenschaft (201)

Byung-Chul Han, Die Errettung des Schönen, Fischer Wissenschaft (201)

Camus, A., Der Mensch in der Revolte, Rowohlt (1997)

Camus, A., Der Mythos des Sisyphos, Rowohlt (2000)

Carnap, R., Einführung in die Philosophie der Naturwissenschaft (1969)

Damasio, A. R., Descartes` Irrtum, dtv (1997)

Davies, P., Gott und die moderne Physik, Bert. M. (1986)

Eccles, J. C., Gehirn und Seele, Piper (1987)

Eichmeier, J., Höfer, O., Endogene Bildmuster, U&S – Verlag (1974)

Eribon, D., Rückkehr nach Reims, ed suhrkamp (2016)

Fischer-Lichte, E., Performativität: Eine Einführung, transcript (2012)

Fölsing, A., Albert Einstein, Suhrkamp (1995)

Freud, S., Studienausgabe, Fischer (1989)

Goel, B. S. Meditation und Psychoanalyse, Ariston (1989)

Görz, G., Einführung in die Künstliche Intelligenz, Addison-Wesley (1996)

Goldman, L. R., The Anthropology of Cannibalism, B&G (1999)

Heidegger, M., Unterwegs zur Sprache, G. Neske (1959)

Hilbrecht, H., Meditation und Gehirn, Schattauer (2010)

Hofstadter, D., Die Fargonauten, Klett-Cotta (1996)

Hofstadter, D., Die Analogie, Klett-Cotta (2014)

Horgan, J., An den Grenzen des Wissens, Luchterhand (1997)

Jacobs, A., Schrott, R., Gehirn und Gedicht, Hanser (2011

Jakobson, R., Semiotik, Suhrkamp (1988)

Jakobson, R., On Language, Harvard University Press (1995)

Jung. C. G., Gesammelte Werke, Walter (1983)

Kant, I., Kritik der reinen Vernunft, Reclam (1966)

Kant, I., Kritik der praktischen Vernunft, Suhrkamp (1974)

Kluge, F., Etymologisches Wörterbuch, W. de Gruyter (1989)

Köhler-Weisker, A., Gespräche unter dem Mopanebaum, Psychosozial-Verlag (2015)

Lacan, J., Schriften I - III, Walter, (1975)

Lacan, J., Seminare I,I, VII, XI, XX, Quadriga (1980-1995)

Lacan, J., Seminaire Nr. III, Iv, VIII, XVII, Edition Seuil (1981-1994)

Lacan, J., Die Bildungen des Unbewussten, Turia & Kant (2006)

Lacan, J., Mitschriften der Seminare VI,IX,X,XII,XV, B.R.L.F., Strasbourg

Laplanche, J., Pontalis, J. B., Das Vokabular Der Psychoanalyse, Suhrkamp (1989)

Leakey, R., Die ersten Spuren, Goldmann (1999)

Linke, D., Kunst und Gehirn, Rowohlt (2001)

Maar, C., Pöppel, E., Christaller, T., Die Technik auf dem Weg zur Seele, Rowohlt (1996)

Merleau-Ponty, M., Das Sichtbare und das Unsichtbare, Fink Verlag (1994)

Morgenthaler, F., Gespräche am sterbenden Fluß, Fischer (1986)

Pinker, S., Der Sprachinstinkt, Kindler (1996)

Plato, Sämtliche Werke, Insel Verlag (1991)

Popper, K. R., Eccles, J. C., Das Ich und sein Gehirn, Piper (1989)

Potthoff, P., Die Begegnung der Subjekte, Psychosozial-Verlag (2014)

Radisch, I, Camus, Rowohlt (2013)

Roazen, D., Der innere Sinn, Archäologie eines Gefühls, Fischer (2012)

Roheim, G., Die Panik der Götter, Kindler (1975)

Rosset, C., Das Reale in seiner Einzigartigkeit, Merve (2000)

Rüdinger, D., Perrez, M., Anthropologische Aspekte der Psychologie, O. Müller (1979)

Rudgley, R., Abenteuer Steinzeit, Kremaye & Scheriau (2001)

Schmidt-Hellerau, C., Lebenstrieb & Todestrieb, Libido & Lethe, Verlag Intern. Psychoanalyse (1995)

Schmitz, R. W., Thissen, J., Neandertal, Spectrum (2000)

Searle, J. R., Geist, Hirn und Wissenschaft, Suhrkamp (1992)

Seidler, G. H., Der Blick des Anderen, Verlag Intern, Psychoanalyse (1995)

Sinz, R., Gehirn und Gedächtnis, Fischer Utb (1981)

Sloterdijk, P., Du musst dein Leben ändern, Suhrkamp (2009)

Spielrein, S., Sämtliche Schriften, Kore (1987)

Strowik, E., Sprechende Körper, Fink-Verlag (2009)

Sunday, P. R., Divine Hunger, Cambr. Univ. Press (1986)

Thompson, R. F., Das Gehirn, Spectrum (1994)

Thorne, K. S., Gekrümmter Raum und Verbogene Zeit, Knaur (1996)

Tipler, F. J., Über die Omegapunkttheorie, Piper (1994)

Uexküll, Th., Fuchs, M., Subjektive Anatomie, Schattauer (1994)

Weiss, Der Andere in der Übertragung, Frommann-Holzboog, (1988)

Weizsäcker, C. F. von, Die Einheit der Natur, dtv (1995)

Weinberg, S., Der Traum von der Einheit des Universums, Bertelsmann (1993)

Weizenbaum, J., Die Macht der Computer, Stw (1977)

Wiener, O., Probleme der Künstlichen Intelligenz, Merve (1990)

Wilhelm, R., Informatik, C.H.Beck (1996)

Wilson, E. O., Der Wert der Vielfalt, Piper (1999)

Wolf, F. **A**., Die Physik der Träume, Byblos (1996)

Wygotski, L.S., Denken und 'Sprechen', Fischer (1981)

Virilio, P., Die Sehmaschine, Merve Verlag (1989)

Weitere Bücher des Autors im MCS – Verlag

Analytische Psychokatharsis

Psychoanalytische Theorie und kathartische Meditation können nicht einfach ineinander überführt werden. Setzt man beide Verfahren aber durch ein entscheidendes Element (einen „linguistischen Kristall") in Beziehung, lässt sich ein eigenes neues Verfahren begründen. Die Psychoanalyse und die meditativen Methoden werden diskutiert, und die Praxis des eigenen Verfahrens wird ausführlich beschrieben.

‚teetrunken' Ausgangspunkt des Buches stellt die Lehre des Psychoanalytikers O. Graf Wittgenstein dar, der davon ausging, dass der Mensch in sich drei Teile birgt, die er nur verschiedentlich zu einer Einheit bzw. einheitlichen Persönlichkeit verbinden kann. Die letztliche und ideale Einheit nennt er den 'Trialog'. Anhand der Schilderung mehrerer Bergbesteigungen durchstreift der Autor alle möglichen kulturellen und psychologischen Fragestellungen, um im Endeffekt den 'Trialog' durch das Wandern, Meditieren und intellektuelle Verarbeiten zu erreichen.

Yoga und Psychoanalyse

An Hand einer wissenschaftlichen Biographie des Religionswissenschaftlers und Yogalehrers Kirpal Singh (Surat Shabd Yoga) werden alle Yogaformen von der Seite der Psychoanalyse her betrachtet. Es ergibt sich die Notwendigkeit ein eigenes Verfahren zu begründen, das der Autor auch *Analytische Psychokatharsis* nennt. Zahlreiche Bilder und Schemata machen das Buch anschaulich.

Verinnerlicht Euch!

Die klassische Methode der Analyse des Unbewussten stellt eine zu theoretische Revolte des Selbst dar. Um in der Praxis Erfolg zu haben bedarf es eines direkteren selbstanalytischen Verfahrens, das jeder aus sich selbst heraus entwickeln kann. Formulierungen, die in einem einzigen Schriftzug mehrere Bedeutungen enthalten, können das Unbewusste jedes Einzelnen durch mentales Üben aufbrechen und zu sich selbst befreien.

Liste anderer Werke des Autors im MCS-Verlag

Herz-Sprache, Eine Psychoanalyse des Herzens

Politik / Therapie, Begreifen, was man schon weiß – wie Politik therapeutisch zu denken wäre

Das autochthone Genießen, Essays zu einem neuen selbstanalytischen Verfahren

Zweimal den Tod überlisten, Ein Traktat zu Sisyphos, und wie man das Sterben heute meistert

Siddharthas Wiederkehr, Ein wissenschaftlicher Roman – eine Anregung zur Selbsttherapie

Nach Lacan, Über Physik, Psychoanalyse und die Metapher des Genießens – eine Selbstpraxis

interhot, Gespräche mit dem Unbewussten

Das Gerade und das Gekrümmte, Die Behandlung einer Psychose

Die Mathematik des Eros, Die ‚perfektoiden Räume' des Unbewussten – eine Selbstpraxis

Die körperlich kranke Seele, Eine Broschüre zu Theorie und Praxis der *Analytischen Psychokatharsis*

Psychoanalyse / Meditation, Vergleich und Anleitung

Jesus und die Frauen, Wege von damals und heute zur selbstanalytischen Praxis

Nachts im Notdienst fahren, ärztliche und psychologische Reflexionen

®

FSC

www.fsc.org

MIX

Papier aus ver-
antwortungsvollen
Quellen

Paper from
responsible sources

FSC® C105338